This is
Kandinsky

디스 이즈 칸딘스키

초판 1쇄 인쇄 2016년 12월 15일
초판 1쇄 발행 2017년 1월 6일

지은이 애너벨 하워드
일러스트레이션 애덤 심슨
옮긴이 김영주
펴낸이 김지훈
펴낸곳 도서출판 어젠다

출판등록 2011년 7월 26일 (제2015-000263호)
주 소 서울시 마포구 양화로 7길 61-6(서교동)
전 화 (02)333-5897 | 팩스 (02)333-8460
이메일 agendabooks@naver.com

ISBN 978-89-97712-28-1 03600
이 도서의 국립중앙도서관 출판시도서목록(CIP)은 e-CIP홈페이지(http://www.nl.go.kr/ecip)와
국가자료공동목록시스템(http://www.nl.go.kr/kolisnet)에서 이용하실 수 있습니다.(CIP제어번호: CIP2016028721)

This is Kandinsky

디스 이즈 칸딘스키

글 **애너벨 하워드**Annabel Howard
일러스트레이션 **애덤 심슨**Adam Simpson
옮김 **김영주**

AgendA

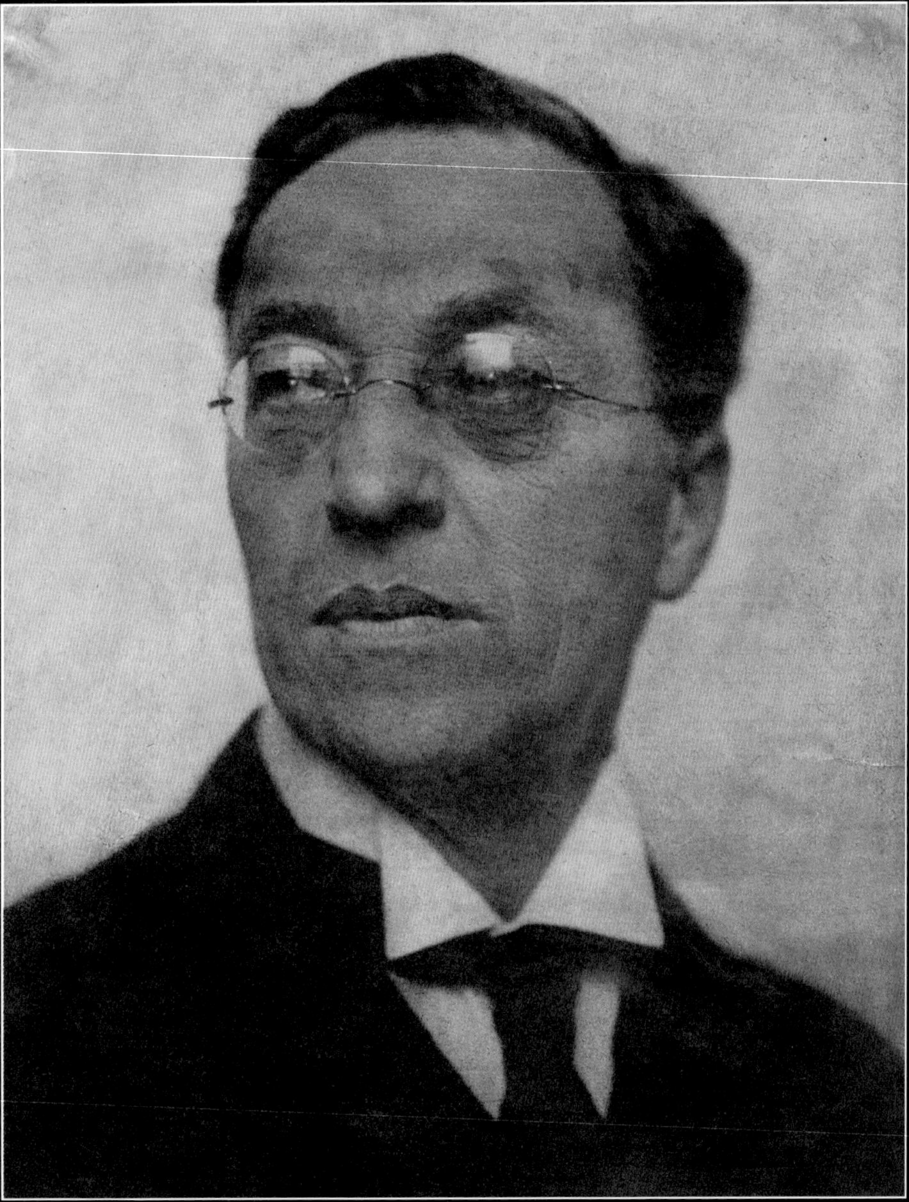

중년의 칸딘스키
Portait of Kandinsky in middle age
사진사는 알려지지 않음

바실리 칸딘스키 Wassily Kandinsky는 예술가라는 이미지와 고정관념에 부합하지 않는 인물이다. 칸딘스키의 외모를 보면, 키는 크고 건장하며 꼿꼿이 서 있는 모습이다. 거기에 그는 인상이 다소 깐깐해 보이는 코안경을 끼고 다녔다.

칸딘스키는 모스크바에서 태어났는데, 세 가지 언어를 사용하며 성장했다. 그는 전 세계를 여행하며 다양한 나라들을 경험했다. 그는 러시아, 독일, 프랑스에 시민권을 부여해 달라고 주장했다고 전해진다.

그는 정장 차림으로 다닐 때 가장 편했던 것 같다. 그의 삶을 살펴보면, 칸딘스키가 사업가나 학자와 같은 차림을 하고 다녔다는 표현을 여러 곳에서 찾아볼 수 있다. 칸딘스키 역시 이 말을 부인하지 않을 것이다. 그는 예민하고 공정한 재판관 같은 모습으로 다니는 걸 좋아했고, 스스로를 이성적인 낭만주의자라고 믿었던 것 같다. 또한 그는 자신을 고결한 과거의 유물이라고 믿었고, 자신이 예민하고 숭고한 '벨 에포크bell époque', 즉 과거의 좋은 시대에서 온 신사라고 여겼다.

칸딘스키는 겉으로는 침착한 태도를 보였지만 실제로는 아주 민감한 사람이었다. 그는 신비주의와 시를 가까이 했고, '별과 달, 숲과 꽃에서 뿐 아니라… 재떨이에 버려진 담배꽁초, 흰색 바지 단추… 어린 나뭇가지… 그리고 달력의 한 페이지에서'도 '비밀스러운 영혼'을 발견하곤 했다.

칸딘스키라는 예술가는 예민하고 까칠한 성향과 함께, 창의력과 통제력이라는 대립적인 요소의 적절한 배합으로 완성되었다. 이런 성향은 근대의 가장 훌륭한 작품들을 창조하는 원동력이 되었고, 이는 칸딘스키가 20세기 가장 중요한 화가 중의 한 사람으로 손꼽히는 이유다.

'붉은 점red spot'

러시아는 칸딘스키의 자아 정체성과 작품 세계에 있어서 매우 중요한 장소였다. 칸딘스키는 러시아에서 거의 평생 동안 추방 상태였지만(처음에는 스스로가 선택했고, 추후에는 당국에 의해 강제로 추방된다.) 자신이 러시아 출생이라는 사실을 결코 잊지 않았다. 그래서 그는 러시아, 특히 모스크바를 그리워하며 낭만적인 동화작가의 시선으로 바라보았다. 칸딘스키는 모스크바에서 저녁 해가 떨어지면서 도시 전체를 '붉은 점'으로 물들이는 광경을 보고 다음과 같은 말을 남겼다. '길들여지지 않은 악기 튜바처럼, 황혼은 사람의 영혼을 떨리게 만든다.' 그리고 칸딘스키는 다음과 같은 말을 더했다.

'시간을 그림으로 그린다는 것은 예술가에게 가장 어려운 과업이며 가장 큰 기쁨이라고 생각한다.'

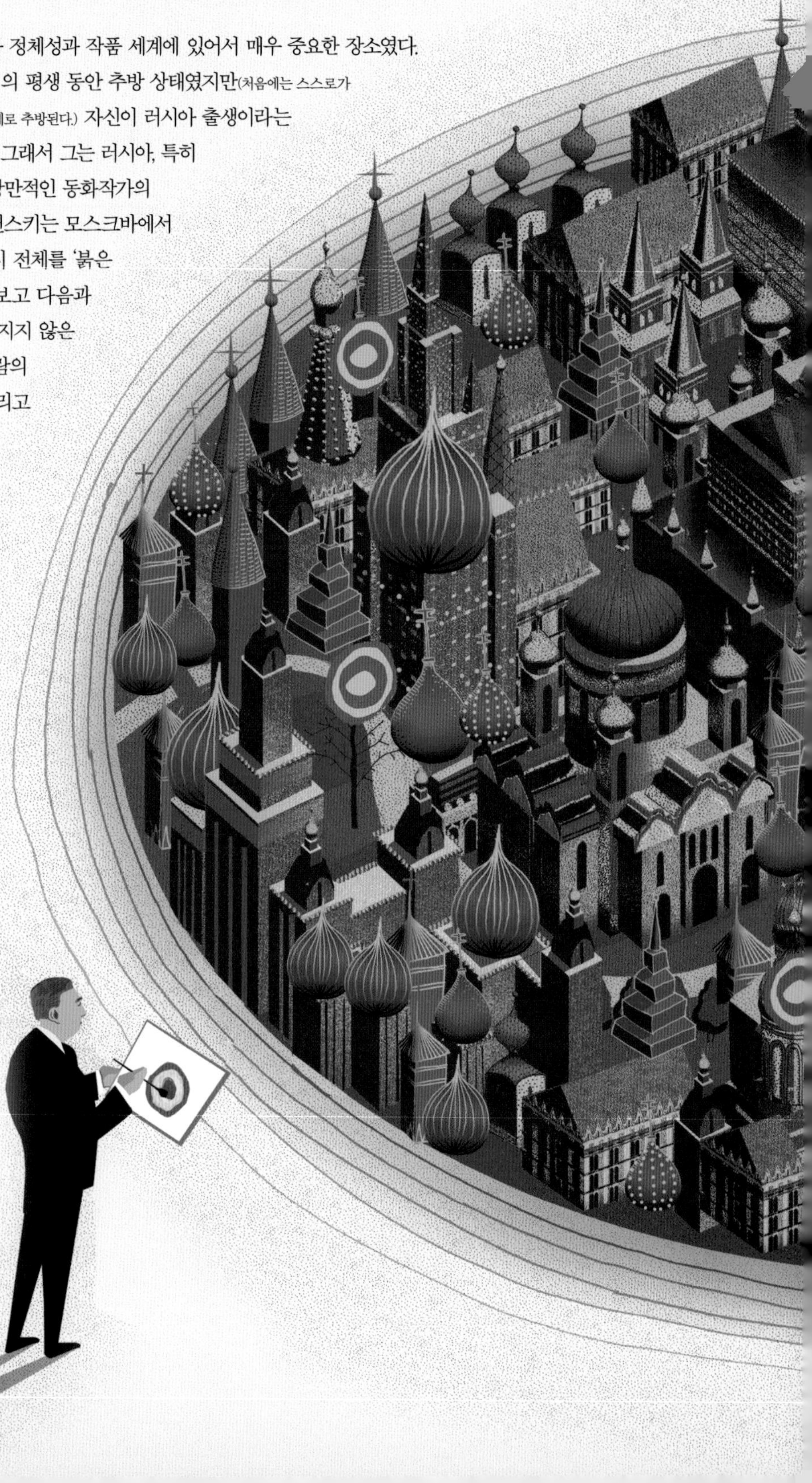

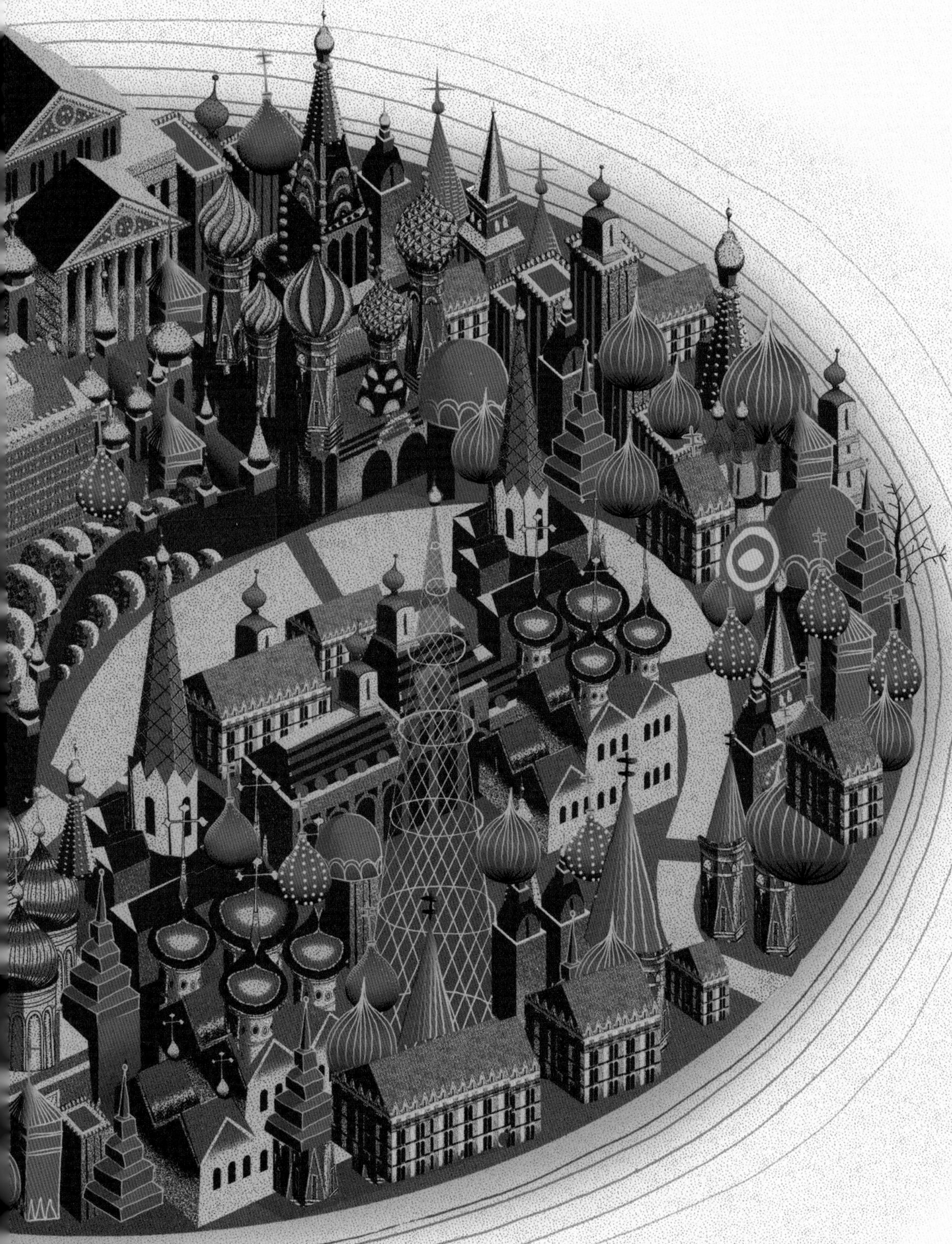

시베리아와 동화 속 이야기

칸딘스키가 모스크바에 집착했던 것과 러시아를 환상적이고 몽환적 관점으로 바라본 관점은 그의 가족력에서 뿌리를 찾아볼 수 있다. 칸딘스키의 가문은 동시베리아의 캬흐타Kyakhta 로 추방을 당했다. 그들은 1825년 12월의 폭동December Uprising 중에 동요를 일으켰다는 죄목으로 벌을 받은 것이었다. 그들이 이주한 캬흐타는 몽골Mongolia과 북쪽 국경이 맞닿아 있는 지역이었다. 칸딘스키는 그의 조상들에 대한 이야기를 하곤 했는데, 특히 '몽골의 공주'라는 인물에 대해 즐겨 이야기했다. 칸딘스키의 이야기에 따르면 이 몽골의 공주는 러시아로 갈 때 자그마한 종 수천 개로 장식되어 있는 소형 군마를 타고 갔다고 전해진다. 공주는 마법에 걸린 동양의 산맥을 따라서 러시아로 떠났는데, 그 산맥의 산들은 마치 도자기처럼 보였다고 한다.

칸딘스키의 아버지는 그의 가족 중 처음으로 다시 모스크바에 돌아왔다. 그는 모스크바에서 찻잎을 판매하는 상인으로 성공했다. 칸딘스키의 아버지는 모스크바의 유명한 미인이자 지성인이었던 리디아 이바노브나 티치에바Lidia Ivanovna Tikheyeva를 만났는데, 후일 그녀와 결혼을 했다. 두 사람은 모스크바에 정착했고, 1866년에 리디아 이바노브나는 외동아들인 칸딘스키를 낳았다. 어린 칸딘스키의 가족은 풍요로웠고, 그들은 교육을 잘 받았으며 매력적인 인물들이었다. 이런 환경에서 당시 아이였던 칸딘스키는 사랑을 받으며 자라났다. 그의 부모는 칸딘스키를 베네치아, 피렌체, 로마, 카프카스 산맥과 크림 반도에 데려가기도 했다. 또한 그들은 칸딘스키에게 피아노와 첼로를 교육시켰고, 그림을 그리도록 지도했다.

칸딘스키의 외할머니는 발트 해 출신의 독일인Baltic German이었는데, 그녀와 칸딘스키의 이모는 칸딘스키가 어렸을 때 독일 민요를 읽어 주었다. 독일 민요는 칸딘스키의 상상력에 기이한 이미지를 불어넣어 주었다. 칸딘스키는 20년이 넘도록 그 이야기들을 기억했고, 그가 그림을 그리기 시작했을 때 어린 시절에 들은 이야기들은 영감의 원천이 되었다. 살펴보면, 칸딘스키의 초기 작품들 중 가장 성공적인 작품들은 독일 전통 문화를 낭만적으로 묘사한 그림들이다. 그 예가 〈말을 타고 있는 연인Couple Riding〉이다. 칸딘스키의 작품 세계에는 전반적으로 상징물(특히 말)이 존재하는데, 민요 및 동화에서 가져온 이야기가 많이 등장한다.

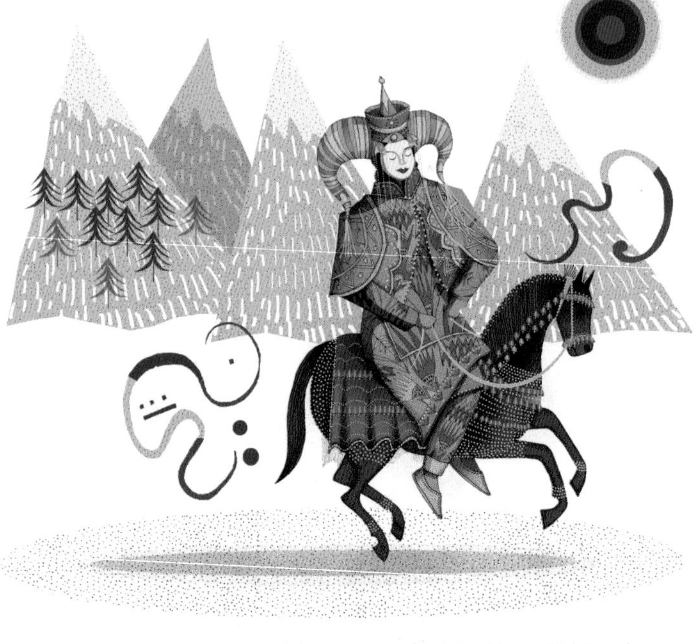

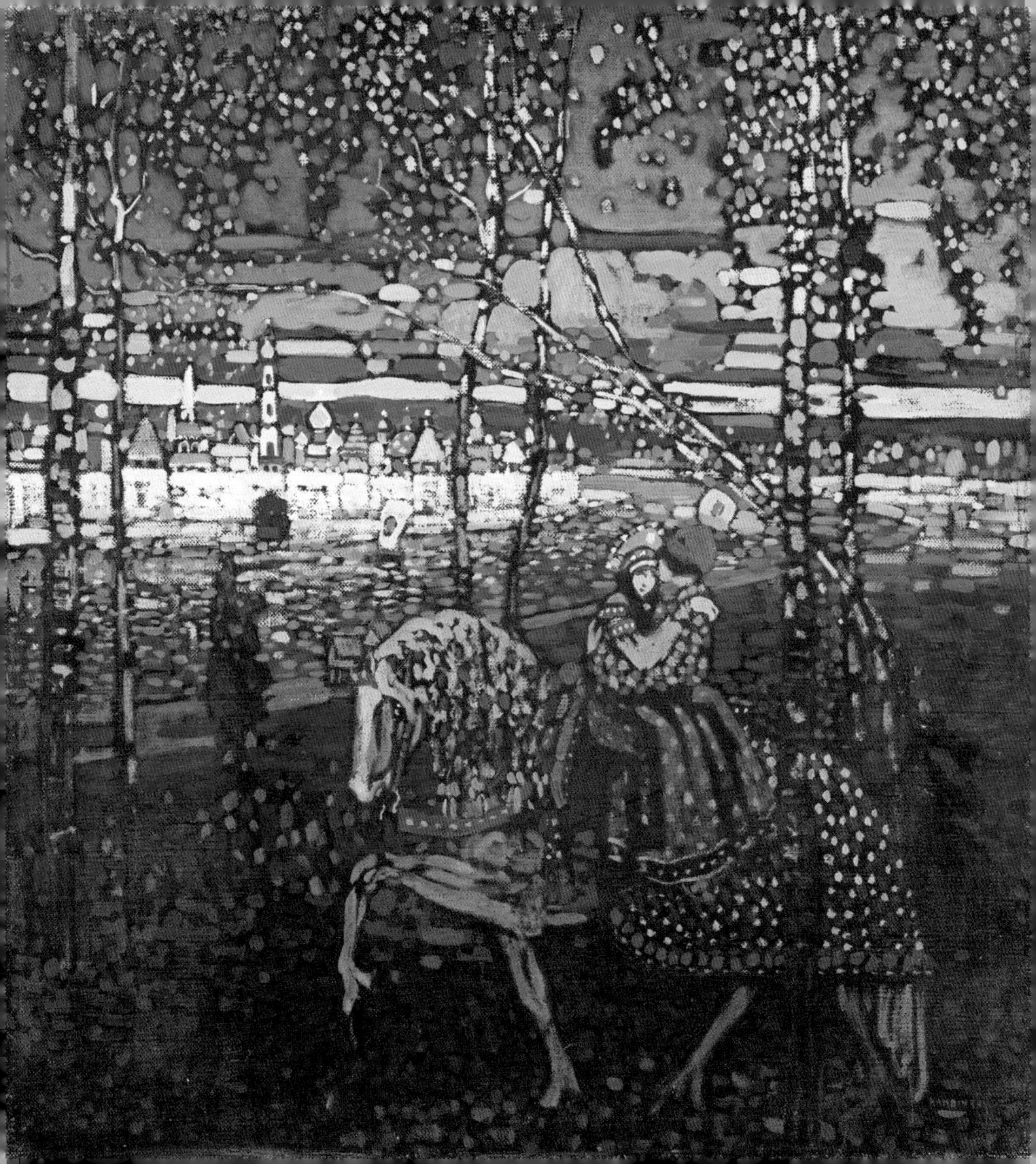

진지했던 어린 시절

칸딘스키는 그의 이모와 할머니에게 의지를 해야만 했다. 왜냐하면 1871년에 그의 어머니가 그를 두고 떠나버렸기 때문이다. 칸딘스키의 아버지가 가족들과 흑해the Black Sea에 위치한 오데사Odessa로 이주했을 당시 칸딘스키는 고작 다섯 살이었다. 칸딘스키의 어머니는 그곳으로 이주하게 된 것을 무척 싫어했고, 이는 부부의 파경에 큰 원인이 되었다. 칸딘스키는 어머니가 떠났음에도 불구하고 여전히 그녀를 숭배했다. 그리고 칸딘스키가 가지고 있던 어머니에 대한 기억은 모스크바에서 그가 간직하게 된 애석한 추억들과 복잡하게 얽히게 되었다.

칸딘스키는 친절하면서도 엉뚱한 면이 있는 아이였다. 그는 관찰력이 뛰어나면서도 스스로를 절제할 줄 아는 소년이었다. 후에 칸딘스키는 자신이 어린 시절 불안과 악몽, 그리고 우울증에 시달렸다고 적기도 했다. 그는 '[그림이] 나를 시공간에서 자유롭게 해 주었다… 그래서 나는 더 이상 자신을 느끼지 않게 되었다'라고 표현했다.

한 가지 명백한 사실은, 칸딘스키가 뛰어난 상상력을 가졌다는 점이다. 그럼에도 불구하고 그는 창의성이 필요한 직업을 택하지 않았다. 그는 사회와 가족의 기대에 순응했고, 탁월한 지능과 품고 있던 야망에 걸맞게 모스크바로 가서 법학을 공부했다. 그 결과 27세의 나이가 되었을 때 칸딘스키는 이미 장래가 유망한 부교수가 되어 있었다. 이런 칸딘스키는 젊고 덕목이 뛰어난 아냐 치미아킨Anya Tschimiakin라는 여성과 결혼을 했는데 이 두 사람은 사촌 관계이기도 했다. 이 당시 칸딘스키는 늘 잘 맞춘 완벽한 정장 차림을 하고 다녔으며, 콧수염을 깔끔하게 길렀고 턱수염은 짧게 다듬었다. 와이어로 테를 두른 안경을 쓴 칸딘스키의 침착한 모습은 엄격함 그 자체였다.

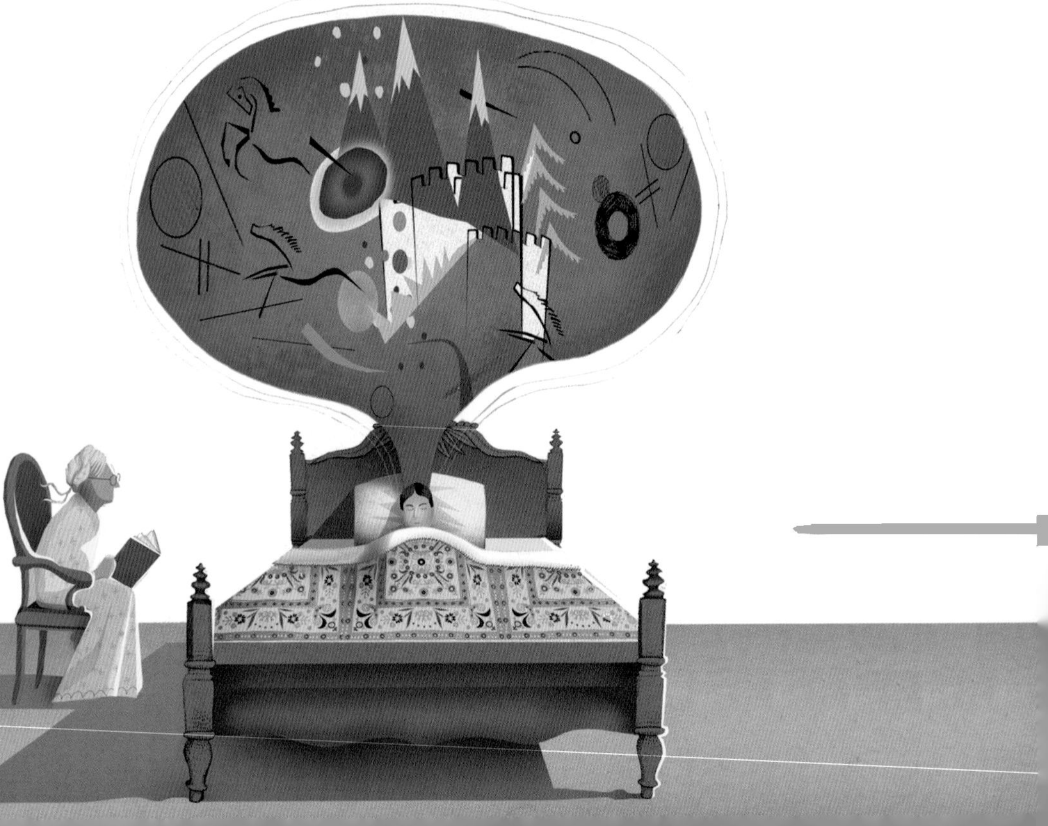

모험

칸딘스키는 법학을 선택했기 때문에 존경을 받으며 안정적인 삶을 살 수 있었다. 그렇지만 칸딘스키는 계속해서 창의적이고 난해한 분야에 흥미를 갖게 되었다. 그 결과 그는 법학과 경제학뿐 아니라 민족지학을 공부했다. 아냐와 결혼하고 3년이 지난 1889년, 칸딘스키는 장학금을 받고 볼로그다 주Vologda Oblast로 연구를 떠났다. 그가 향한 볼로그다 주는 모스크바에서 북동쪽으로 600킬로미터 떨어진 광활한 지역이었다. 칸딘스키는 그곳으로 여행을 떠나는 이유가 형법학을 공부하고 우랄 산맥Ural Mountains 바로 아래에 거주하는 민족들의 종교를 공부하기 위해서라고 주장했다. 하지만 이는 공식적인 이유였을 뿐, 사실은 모험을 떠나 농촌의 삶을 낭만적으로 그리려고 떠났던 것이다.

칸딘스키의 아내는 그를 따라 여정의 첫 단계를 함께했다. 그렇지만 이후 칸딘스키는 그녀를 볼로그다의 마을에 남겨 놓고 홀로 기차, 증기선, 그리고 마차를 타고 여행을 떠났다. 이 여행길은 무척 험난했는데, 칸딘스키의 일지를 보면 그가 느낀 생각들이 매우 잘 드러난다. 비록 육체적으로는 불편한 여행이었어도, 칸딘스키가 관찰한 내용들은 아주 풍부하고 시적인 언어로 써져 있다. 그는 '다른 행성'을 모험하는 흥분을 느꼈다고 표현했다. '끝없이 계속되는 숲과 밝은 색색의 언덕들'을 가진 행성이었다고 말이다.

칸딘스키의 기묘한 사고에는 칼레발라Kalevala가 일부 영향을 주었을 것이다. 칼레발라는 고대 핀란드 서사시로, 신비로운 비극과 낭만적인 이야기, 마법 이야기, 영웅담과 배신 같은 주제를 담은 문학이다. 여행을 하면서 칸딘스키는 칼레발라를 읽었으며, 시에 담긴 내용은 그가 풍경에 담긴 여러 가지 가능성을 볼 수 있게 해 주었다. 칸딘스키가 어린 시절에 들었던 이야기들이 그랬듯이, 그가 상상해서 만들어 낸 이미지들도 칸딘스키의 정신에 깊게 뿌리를 내리게 된다. 그리고 이는 그로부터 몇 년 후, 그의 작품 세계 초반에 재등장한다. 그중 한 가지가 바로 〈금빛 항해Golden Sail〉와 같은 작품이다(페이지 12쪽 참조).

여행의 경험을 통해서 칸딘스키는 성숙해졌다. 그가 일지 초반에 적은 내용을 보면, 열정과 흥분이 드러난다. 하지만 일지 후반에는 그 내용이 점차 현실에 대한 인식으로 대체된다. 여행하면서 현실을 인식한 칸딘스키는 그가 자라면서 누렸던 특권 바깥의 현실 즉, 그 지역의 극도로 힘든 현실을 표현했다. 이때 칸딘스키는 일생 처음으로 따뜻한 식사의 중요함을 깨닫고, 굶주림의 고통을 배웠다. 또한 그 지방에서 사용되는 언어에는 아내를 뜻하는 단어가 없고, 오직 '여성woman'을 뜻하는 단어만 존재한다는 사실을 알게 되는데, 이런 것에 칸딘스키는 유감을 표시했다. 여행을 하면서 칸딘스키는 그가 본 가난의 현실로 인해서 크게 충격을 받은 것으로 보인다. 그는 '모든 것이 고요하다'고 썼는데, '또한 전부 가난하다. 가난이 모든 곳에 도사리고 있다'고 덧붙였다.

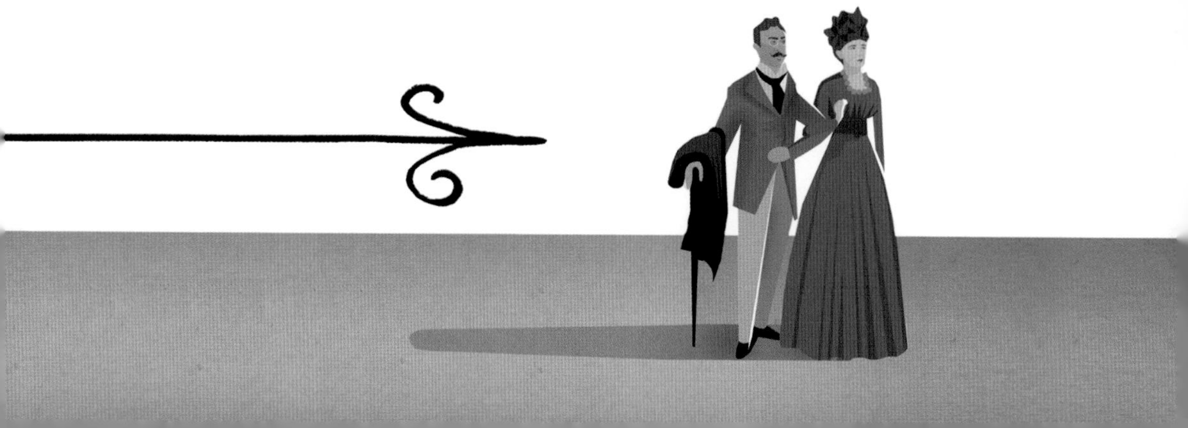

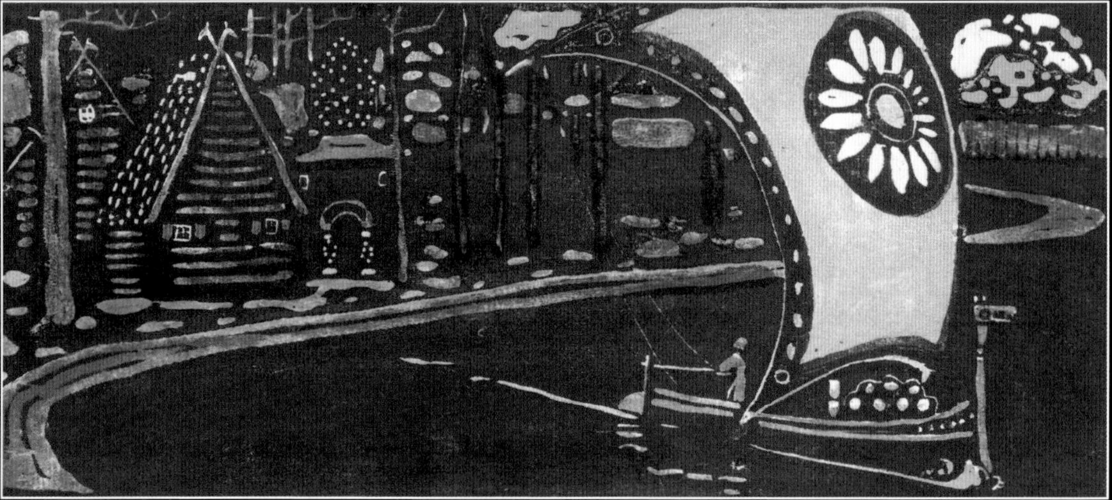

금빛 항해
Golden Sail

바실리 칸딘스키, 1903

관점

칸딘스키는 볼로그다에서 대부분의 시간을 지리안Zyrian 사람들과 보냈다. 그런데 지리안 사람들은 몹시 가난하고 그 당시 주변으로부터 비난받던 사람들이었다. 칸딘스키는 모스크바로 돌아왔을 때 용기 있게도 자신이 '그들(지리안 사람들)에게 완전히 빠져 버렸다… 비록 모든 이들이 그들을 비방하지만 말이다'라고 선언했다. 이 시점부터 칸딘스키는 널리 받아들여지는 사회 규범에 대해서 깊은 의문을 품기 시작했다.

또한 칸딘스키에게 이 여행은 하나의 전환점이 되기도 했다. 그 당시는 칸딘스키가 그림을 그리기 전이었지만, 그가 일지에 쓴 내용에는 그의 예술적인 성향이 드러난다. 일례로 그는 여행한 지역 특유의 색감에 놀라움을 표시했다. 칸딘스키는 그 지역의 사람들을 '두 다리를 가진 살아있는 밝은 색깔의 그림들'이라고 묘사했다. 그리고 칸딘스키는 근방의 집들을 보고 받은 인상을 일생 동안 잊지 못했다. 왜냐하면 그에게 그 지역의 집들은 '환상의 집wonderhouses'이었으며, 마치 '민요를 그림으로 그려낸 기적' 같았기 때문이다. 칸딘스키는 그 지역을 가 본 후에야 진정으로 그림 속에 들어간다는 것이 무엇인지 알게 되었다고 표현했다. 그는 당시 받은 흡수되는 것 같은 느낌을 재창조하기 위해서 그의 예술가로서의 인생을 바쳤다. 그리고 칸딘스키가 추구한 또 한 가지가 있는데, 작품을 감상하는 사람이 스스로와 지구라는 현실에서 벗어나서 그림으로 그린 영적 공간에 들어오게 하는 강력한 작품을 창조하는 것이었다.

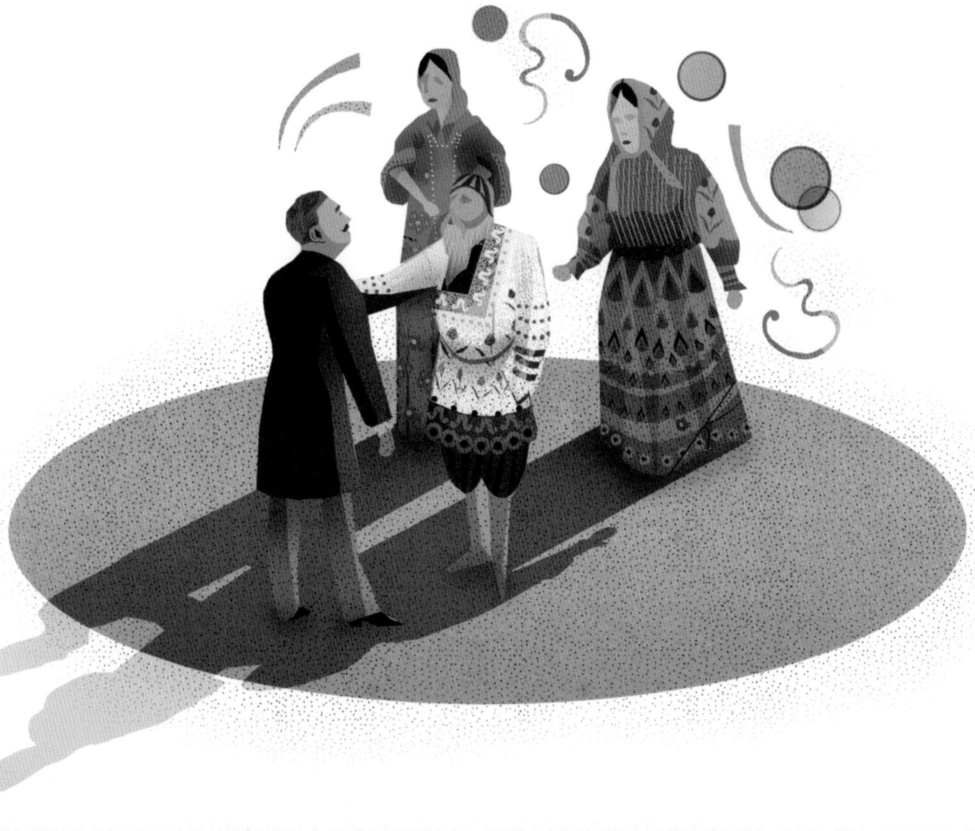

혼란과 변화

볼로그다에서의 여정을 마치고 돌아온 칸딘스키는 자신의 인생과 업에 집중한다. 법학 교수직을 맡은 칸딘스키는 계속해서 성공을 이뤄냈다. 그리고 1896년에 29세의 칸딘스키는 에스토니아에 위치한 타르투 대학교University of Dorpat (now Tartu)의 유명 학과에서 종신 교수직을 제의받았다. 하지만 칸딘스키는 이 제안을 거절하고, 교직에서 사임한 뒤 도피하는 길을 택했다. 그렇게 칸딘스키는 모스크바에 위치한 인쇄 공장N. Kusverev print factory을 운영하게 된다.

그 이듬해에 벌어진 두 가지의 사건으로 인해서 칸딘스키는 그가 젊은 시절에 믿었던 이성에 기반을 둔 확실성을 저버린다. 첫 번째로, 칸딘스키는 법학과 논리를 신뢰했었지만, 방사능의 발견으로 인해서 그것이 잘못 되었다고 생각하게 된다. 사실 칸딘스키는 과학적 지식이 아주 풍부했으며 과학에 흥미를 가진 사람이었다. 그는 다음과 같은 글을 썼다.

> 내 영혼의 관점에서 보면, 원자의 분열은 온 세상의 분열과 같다. 갑자기 제일 굳건했던 벽이 다 무너져 버린 것이나 다름없다. 이제 모든 것이 불확실하고, 불안정하며, 약해져버렸다… 내가 보기에, 이제 과학은 망가져 버렸다. 과학의 가장 중요한 기반이 미쳐 버린 것이다.

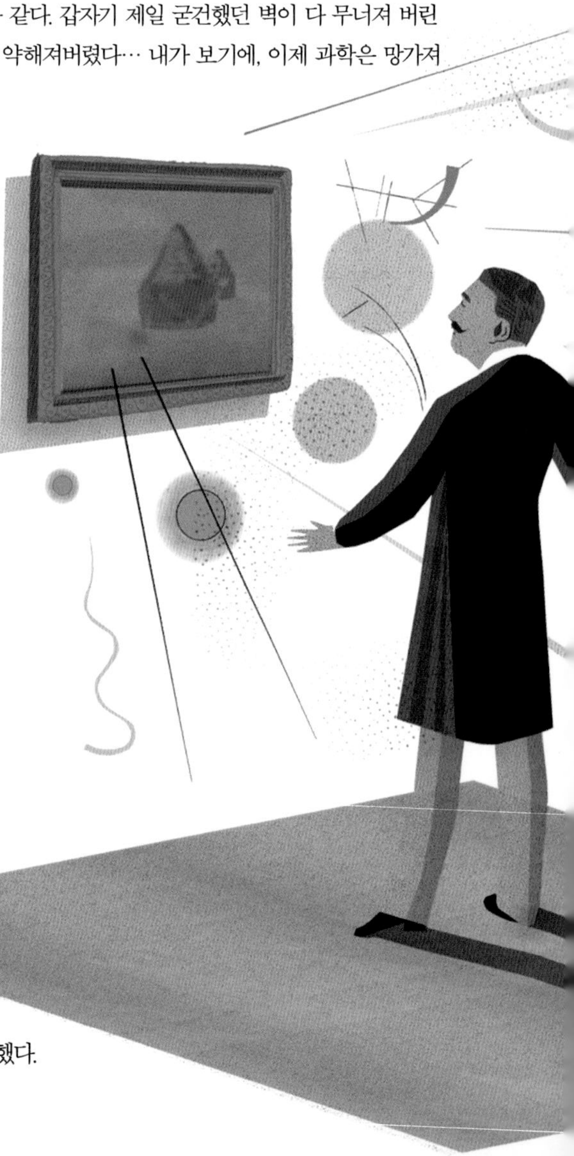

그래서 칸딘스키는 다른 해답을 찾기 시작했다. 1896년의 작품 전시회에서 그는 바라던 해답을 얻는다. 전시회에서 칸딘스키는 한 그림을 보게 되었는데, 그 그림은 칸딘스키를 혼란스럽게 하면서도 동시에 그를 매료시켰다. 신기한 사실은, 그 그림에는 아무런 주제도 없는 것 같이 보였다. 그래서 칸딘스키는 작품 설명을 읽어 보았다고 한다. 하지만 설명을 읽고 나서도 칸딘스키는 화폭에 담긴 것이 도대체 무엇인지 이해할 수가 없었는데, 그럼에도 불구하고 자신이 그 그림을 통해서 만족감을 얻었다는 사실을 깨닫는다. 바로 이 사실에 칸딘스키는 놀라움을 금치 못했다. 전시회에서의 경험을 통해서 칸딘스키는 그가 과학과 법을 통해서는 끝내 발견하지 못한 해답을 얻을 수 있었다. 이는 과학과 법과는 다른 종류의 답을 제시했다. 후에 칸딘스키는 자신의 경험에 대해서 다음과 같이 썼다.

> 그림은 새로운 동화처럼 힘과 멋을 지니고 있다...
> 나는 화폭 위에 나의 동화 속 모스크바의 일부가
> 이미 존재한다고 느꼈다.

이렇듯 칸딘스키에게 영감을 준 그림은 바로 모네Monet의 작품인 〈건초더미Haystacks〉였다. 전시회에서의 경험을 하고 나서 몇 달 후 칸딘스키는 인쇄 공장을 떠났다. 그렇게 그는 소중한 모스크바를 뒤로 하고 독일에서 새로운 삶을 시작했다.

새롭게 태어난 칸딘스키

칸딘스키는 뮌헨Munich에 가는 길을 선택한다. 소설가 토마스 만Thomas Mann이 남긴 말에 따르면, 그 당시의 뮌헨은 예술로 '빛나는' 도시였다. 그리고 칸딘스키는 뮌헨이 창의력의 중심지라고 믿었다. 그에게 뮌헨은 '모든 이가 그림을 그리거나, 시를 쓰거나, 음악을 만들거나, 혹은 춤을 추는' 곳이었다. 그러므로 칸딘스키에게 새로운 삶을 시작하기 위한 최적의 장소였다고 할 수 있다. 게다가 뮌헨은 시끌벅적한 도시였고, 칸딘스키도 그 당시 들뜬 상태였다. 칸딘스키가 스스로를 '다시 태어났다'고 표현한 것을 보면 알 수 있다. 칸딘스키는 넉넉하고 그를 지지해 주는 아버지로부터 금전적인 도움을 받은 덕에 사립 예술학교에 등록할 수 있었다. 그렇게 그는 완전히 새로운 삶을 살기 시작했다.

사실 칸딘스키는 부지런한 사람이었지만, 뮌헨에서 지낸 첫 두 해 동안 시간이 지나면서 점차 예술학교에 출석하지 않게 되었다. 예술학교 교사들의 시각에서 본 칸딘스키는 훌륭한 학생이었지만, 특출한 재능을 지닌 예술가는 아니었다. 보통 교사들은 칸딘스키가 사용하는 색상이 너무 밝은데다 그의 그림 실력이 부족하다고 평했다. 그런데 그 당시 예술학교 교사들이 채점하는 방식은 정식 교과 시스템에 따라 세워진 방식이었다. 그 당시 뮌헨의 예술계는 고루하고 보수적이었고, 새로운 변화가 필요한 순간이었다. 그리고 여기서 칸딘스키는 필요한 혁신을 일으킬 만한 최적의 인물이었다.

예술학교 재학 시절, 칸딘스키는 심란한 나날을 보냈다. 그럼에도 불구하고 그는 불평하거나 분노하지는 않았다. 소극적인 반항의 표시로 칸딘스키는 학교의 보수적인 환경에서 잠시 떠나곤 했다. 그는 스스로가 선택한 주제를 자신만의 양식과 고유한 방법으로 그렸다. 그런데 사실 칸딘스키는 원래 반항적이지 않은 인물이었다. 그는 규범에서 벗어나는 것을 이해하지 못했다. 그래서 칸딘스키는 열성적으로 학문적인 양식의 그림 작품과 소묘를 공부했으며 다른 사람들의 반대를 견뎌냈다. 그는 뮌헨 아카데미Munich Academy에서 인정받기 위해서 계속 노력했고, 한 번 입학시험에서 낙방한 이후 결국 1900년도에 입학 허가를 받았다.

그로부터 한 해가 지난 후, 칸딘스키는 스스로 일어설 준비가 되었다고 생각했다. 칸딘스키는 조직을 관리할 줄 아는 사람이었고, 에너지를 가진 인물이었기 때문이다. 그렇게 그는 '팔랑크스Phalanx'라는 운동을 시작한다. 팔랑크스는 공적으로 규정지어진 예술의 학문적인 양식과 낡은 이론들을 타파하고자 시작된 운동이다. 칸딘스키는 자신과 이렇게 뜻을 같이 하는 예술가들은 미지의 영역으로 향해 진군하는 군대라고 생각했다. 그의 시선에서 본 칸딘스키와 동지들은 학문적 보수주의에 대항하는 사람들이었다(17페이지 참조).

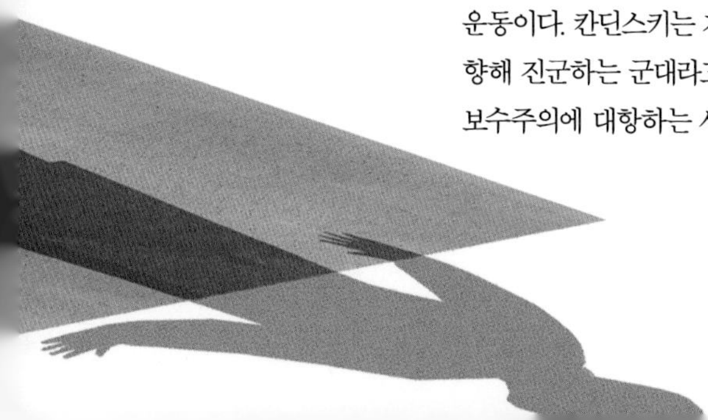

뮌헨Munich

칸딘스키는 4년이 채 되지 않는 기간 동안에 학생의 신분에서 한 예술 운동의 개척자로 거듭났다. 이 사실은 칸딘스키가 가진 에너지를 보여주며, 또한 그의 특출한 자신감과 타고난 지도 능력을 증명한다. 그가 설립한 팔랑크스Phalanx는 본질적으로 전시회를 열기 위한 공동체였다. 그들은 예술을 출판하는 것에 있어서 전통적이고 제한적인 시스템에 저항하려는 목적을 가졌다. 또한 그들은 양식의 제한을 깨고, 성 불평등을 타파하려는 신선한 태도를 보이기도 했다. 1901년부터 1904년까지 팔랑크스(칸딘스키 본인도 포함)는 12번의 전시를 기획했다. 첫 전시회를 연 1901년 8월 17일에는 개최 행사를 가졌는데, 그 자리를 위해서 제작된 포스터는 그리스 병사들의 팔랑크스phalanx형상을 담은 작품이었다. '팔랑크스'라는 단어는 그리스 병사들의 대열 모습을 의미하는데, 이것은 칸딘스키가 선택한 상징이었다. 이것을 선택한 이유는 이 상징이 낭만적이고 신화적인 연관성을 가졌기 때문이었다. 이 포스터를 보면, 한 남성과 여성이 바이에른Bavarian 의 풍경을 헤치고 나아가는 모습을 담고 있다.

그런데 칸딘스키는 전시를 기획하는 거대한 일에 만족하지 못한 것 같다. 그래서 그는 1901년 하반기에 '팔랑크스 스쿨Phalanx school '을 창립하기로 결정했다. 그는 '도전적인 성향을 갖고, 계획은 거의 세우지 않는' 마음가짐으로 거대한 작업실 건물을 마련했다. 이곳은 슈바빙의 호엔촐레른Hohenzollernstrasse in Schwabing에 위치해 있었는데, 바로 그 당시 뮌헨의 보헤미안 문화로 가득한 거리였다.

칸딘스키는 학생을 가르치는 데 있어서 타고난 재능을 가진 사람이었다. 그리고 그가 예술가의 일생을 사는 동안 해 온 미학적 아이디어의 이론과 교류는 그의 예술가로서의 삶과 발전에 중요한 부분이 된다. 처음부터 칸딘스키의 학생들은 그의 관대함과 영감을 주는 힘을 알아챘다. 칸딘스키는 그보다 더 경험이 풍부하고 유명한 교사들보다도 더 많은 학생을 빠르게 모을 수 있었다. 그렇게 모인 학생들 중 의지가 강하고 재능이 풍부한 한 젊은 여성이 있었는데 뮌터라는 이름을 가진 사람이었다. 그녀는 칸딘스키의 교육법을 두고 '힘이 되고 개개인에게 맞추어진 방식'이라고 표현했다.

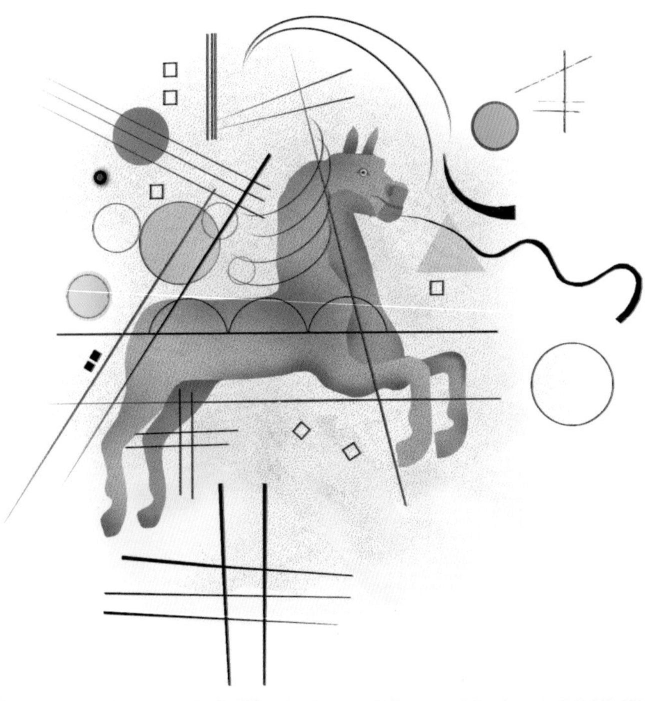

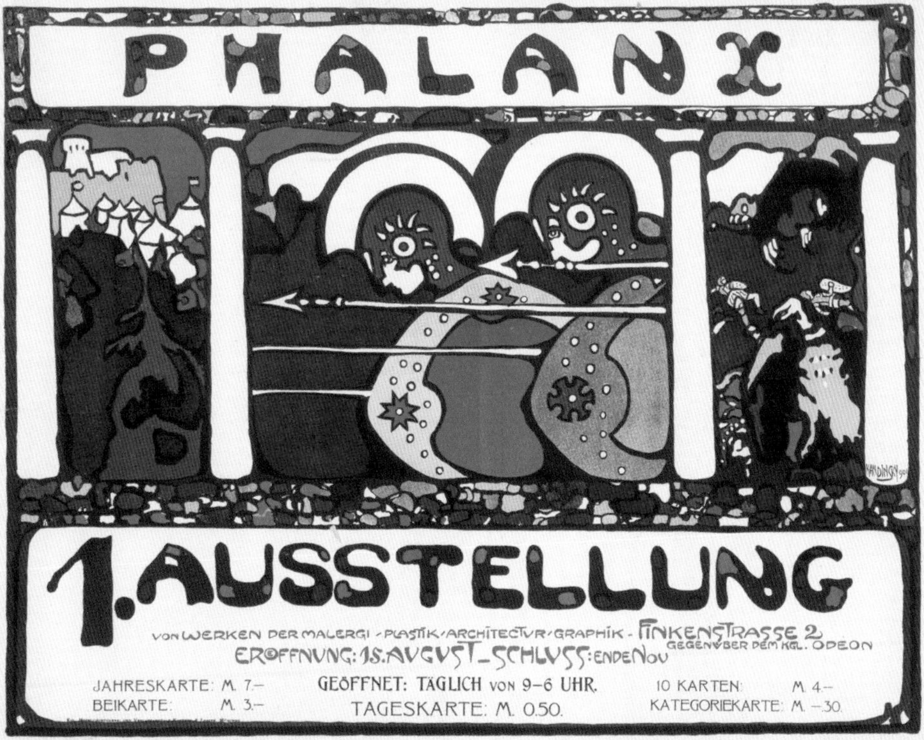
PHALANX
KANDINSKY 901
1. AUSSTELLUNG
VON WERKEN DER MALEREI - PLASTIK - ARCHITECTUR - GRAPHIK - FINKENSTRASSE 2
GEGENÜBER DEM KGL. ODEON
ERÖFFNUNG: 15. AUGUST _ SCHLUSS: ENDE NOV
JAHRESKARTE: M. 7.–
BEIKARTE: M. 3.–
GEÖFFNET: TÄGLICH VON 9–6 UHR.
TAGESKARTE: M. 0.50.
10 KARTEN: M. 4.–
KATEGORIEKARTE: M. –.30.

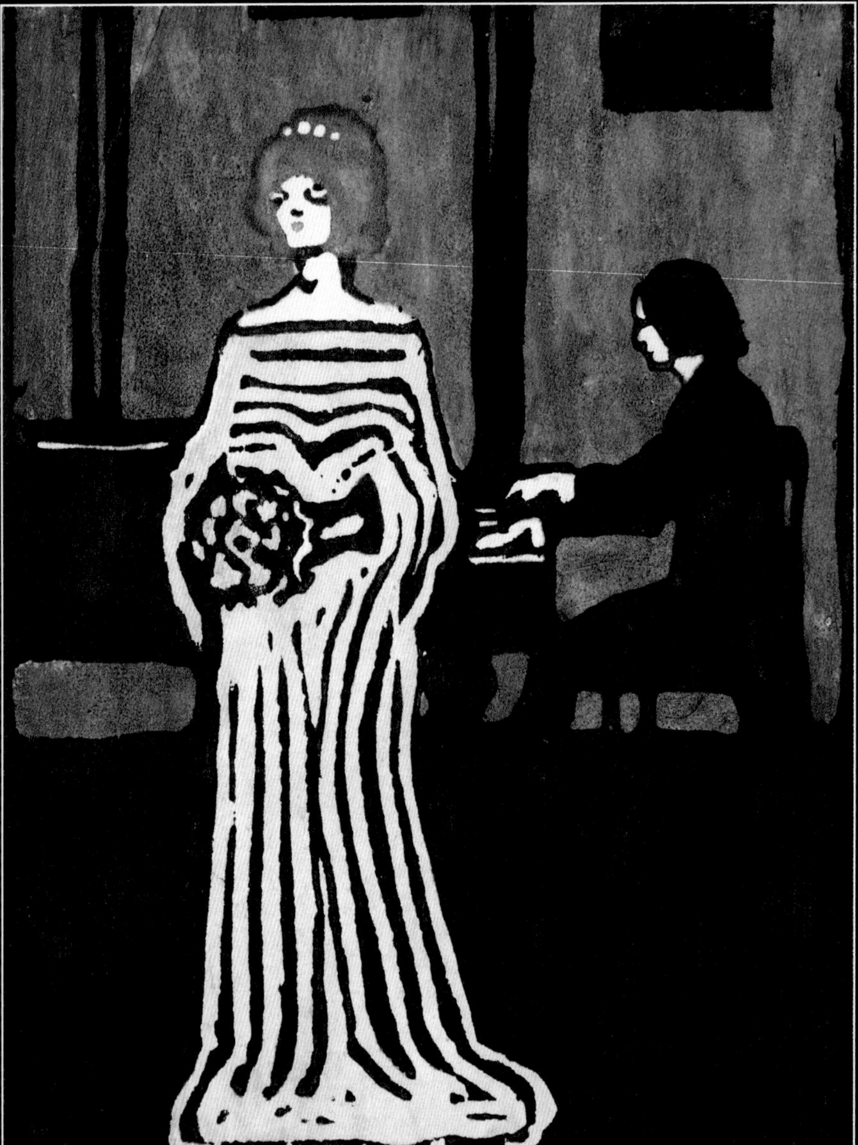

가수
The Singer

바실리 칸딘스키, 1903

목판화
20 × 14.8 cm(8 × 6 in)
개인 소장

음악과 영감

칸딘스키는 탁월한 첼로 및 피아노 연주자였다. 그는 뮌헨의 음악적 발전에도 깊은 관심을 보였다. 칸딘스키는 음악이 자신에게 아주 강렬한 반응을 도출시킨다는 사실을 알아차렸고, 또한 음악이 환상으로의 도피와 시각적 자극을 허락한다는 것도 깨달았다. 그런 칸딘스키에게 음악은 '최고의 교사'였다. 다음은 칸딘스키가 한 말 중에 가장 유명한 구절 중 하나이다.

> 색은 건반의 역할을 한다. 사람의 눈이 피아노의 현을 때리는 해머라면, 영혼은 모든 현을 갖고 있는 피아노 그 자체다. 예술가는 건반을 눌러 연주하는 손으로, 영혼의 떨림을 이끌어낸다.

그런데 이런 칸딘스키조차도 1897년에 바그너Wagner의 〈로엔그린Lohengrin〉을 감상했을 때는 놀라움을 금치 못했다. 〈로엔그린〉은 비교적 근대적인 음악 작품이었다.

> 나는 내 정신세계에 있는 모든 색상을 다 보았다. 전부 내 눈앞에 있었다. 거칠고, 미친 것 같은 모양의 선들이 내 눈앞에 그려졌다…바그너는 '나의 시간my hour'을 음악적으로 그려냈다.

칸딘스키는 〈로엔그린〉이 모스크바의 황혼을 음악적으로 표현한 걸작이라고 보았다. 그리고 이것은 칸딘스키에게 가장 큰 영감이 되었다. 그는 마치 이미 그림으로 그려낸 것처럼 명확하게 바그너의 작품을 감상할 수 있었다.

바그너의 〈로엔그린〉은 칸딘스키에게 미적인 길을 열어 주었다. 칸딘스키는 새로운 기술을 이용하고 실험을 해서 그 길에 첫발을 내딛을 수 있었다.
그 새로운 기술은 바로 목판술이었다. 목판술을 사용할 때는 형태와 선이 간단해야 하는데, 이는 작품에 등장하는 형상을 축소시키게 되었다. 그리고 칸딘스키는 이것을 '내면의 필요'라고 불렀다. 여기서 더 중요한 사실은 바로 목재를 깎는 행위가 칸딘스키에게서 내면의 반응을 이끌어 냈다는 것이다. 이것은 칸딘스키에게 본능적인 것으로, 그는 목재를 깎으면서 거의 황홀함에 가까운 감정을 느꼈다. 칸딘스키는 나무를 깎을 때 '음악이 온몸에 울려 퍼지고 신이 마음속에 임한 것 같은' 느낌을 받았다고 전해진다. 그가 제작한 목판화 작품 중, 〈가수The Singer〉를 포함한 다수가 음악에 관한 주제를 담은 것은 결코 우연이 아니다.

공감각Synaesthesia

칸딘스키가 〈로엔그린〉과 모네의 〈건초 더미〉를 감상하고 보인 반응은 드물게 강렬했다. 심지어 예술가로서도 말이다. 그리고 몇 년이 지난 후, 칸딘스키는 〈건초 더미〉에 대한 글을 썼다.
'[그것은] 나의 기억에 잊을 수 없는 인상을 남겼으며, 지속적으로 내 눈앞에 맴돌았다. 나는 이런 상황을 예상치 못했다. 그 작품은 모든 상세한 점에 있어서 완성된 것이었다.'

그런데 칸딘스키의 이런 반응을 설명할 수 있는 요인이 있다. 그중 하나는 신경학적인 요인이다. 칸딘스키는 공감각synaesthesia이라고 불리는 상태를 경험했다. 이것은 다양한 방식으로 일어날 수 있는데, 사실 현재까지도 알려진 바가 거의 없다. 공감각을 겪는 이들이 가장 많이 보이는 증상은 바로 하나의 감각 기관을 자극했을 때 여러 가지 감각이 동시에 반응하게 되는 것이다. 예를 들어 보자면 다음과 같다. 공감각을 겪는 이들은 숫자 7에 대해서 다른 사람들처럼 그 의미에 반응한다. 그러나 동시에 그들은 그 숫자를 하나의 색상, 촉감, 그리고 심지어는 소리로 받아들인다. 그리고 이 증상은 스스로 통제할 수 있는 것이 아니다. 왜냐하면 그들이 세상을 경험하는 데 있어 내재된 것이기 때문이다. 그리고 칸딘스키의 경우에는, 음악이 가장 강렬한 자극을 주었다. 평생 동안 칸딘스키는 소리가 그의 정신에 그려 넣은 강렬한 색상과 이미지들을 자신의 작품에 표현했다.

칸딘스키는 세상을 생각하고, 기억하며, 바라보는 데 색상을 의지했다. 이는 그에게 아주 큰 부분을 차지한다. 그렇기 때문에 칸딘스키의 기억력은 독보적이었다. 칸딘스키는 오래 전 과거의 일도 종종 기억해낼 수 있었는데, 그 이유는 바로 칸딘스키가 과거의 기억을 특별히 좋아했거나 거부감을 가졌던 색상과 연관 지어 기억했기 때문이다.
예를 들어 보겠다. 칸딘스키는 그의 가문 마부와 관련된 추억에 대한 이야기를 했다. 무려 그가 서너 살 쯤 먹었을 무렵의 일이었다. 그의 이야기에 따르면, 마부는 칸딘스키에게 장난감 말을 만들어 주려고 나뭇가지들을 벗겼다고 한다. 그 나뭇가지들은 가늘고 검었는데 잘라냈을 때는 갈색빛이 도는 황색이었다고 한다. 그리고 칸딘스키는 그 색을 몹시 싫어했다. 하지만 줄기 안쪽은 좋아했다. 왜냐하면 그 부분은 생기 있는 녹색을 띠었기 때문이라고 한다. 칸딘스키는 나무의 가장 깊은 층이 나뭇가지에게 생명을 불어넣는 곳이라고 묘사하기도 했다. 그의 표현에 따르면, 그 부분은 상아색을 띠는데 그 색깔이 마치 '핥고 싶을 정도로 행복한 향기'를 지니고 있었다고 한다. 이렇듯이 칸딘스키가 사는 세상에서는 처음부터 색상 하나하나가 '고유하고 신비로운 내면의 삶을 살고 있었다.'

갈림길

1902년 여름, 칸딘스키는 팔랑크스 소속 학생들 몇 명과 함께 그림을 그리러 여행을 떠났다. 그들은 바이에른 알프스Bavarian Alps 남쪽과 아래 지방을 여행하며 몇 주 동안 코헬Kochel근처의 시골 마을에서 그림을 그렸다. 여행은 더없이 행복한 시간이었다. 칸딘스키는 그의 학생들과 그림을 그리고, 글을 쓰고, 함께 걷고 농담을 하며 재미있게 시간을 보냈다. 그리고 칸딘스키의 행복에 특히 크게 영감을 준 한 학생이 있었는데, 그녀가 바로 뮌터다.

처음에 뮌터는 칸딘스키가 자신에게 애정을 품고 있다는 사실을 눈치 채지 못했던 모양이다. 그녀는 자신이 너무 '순진했고' 마치 바보처럼 두 사람의 관계가 어떻게 되는지 알지 못했다고 회상했다. 하지만 그들 외의 사람들은 칸딘스키와 뮌터가 서로에게 가까워지는 것을 확실하게 볼 수 있었다. 함께 여행을 간 사람들 중 두 사람만이 자전거를 소유하고 있었는데, 그들은 함께 산에 가 오랜 시간동안 자전거를 타곤 했다. 그리고 뮌터가 후일 회상한 바에 따르면, 두 사람은 각자의 자전거 핸들을 잡으며 장난을 쳐서 서로를 넘어뜨리곤 했다. 그리고 그녀는 함께 걷다가 종종 즉흥적으로 노래를 부르고 춤을 추며 즐거운 시간을 보냈다고 한다.

당시 칸딘스키와 뮌터 사이에 육체적인 접촉은 없었다고 한다. 하지만 둘 사이의 연결 고리는 분명 존재했다. 칸딘스키의 부인 아냐가 남편을 따라 왔을 때, 칸딘스키는 두 사람을 서로에게 소개시켜 주었고, 바로 그다음 날에 뮌터에게 떠나 달라고 부탁했다. 그 당시 뮌터는 새로운 작품을 시작한 지 얼마 되지 않았다. 그런데도 불구하고 그녀는 한 마디 항의도 없이 짐을 챙겨서 떠났다고 한다.

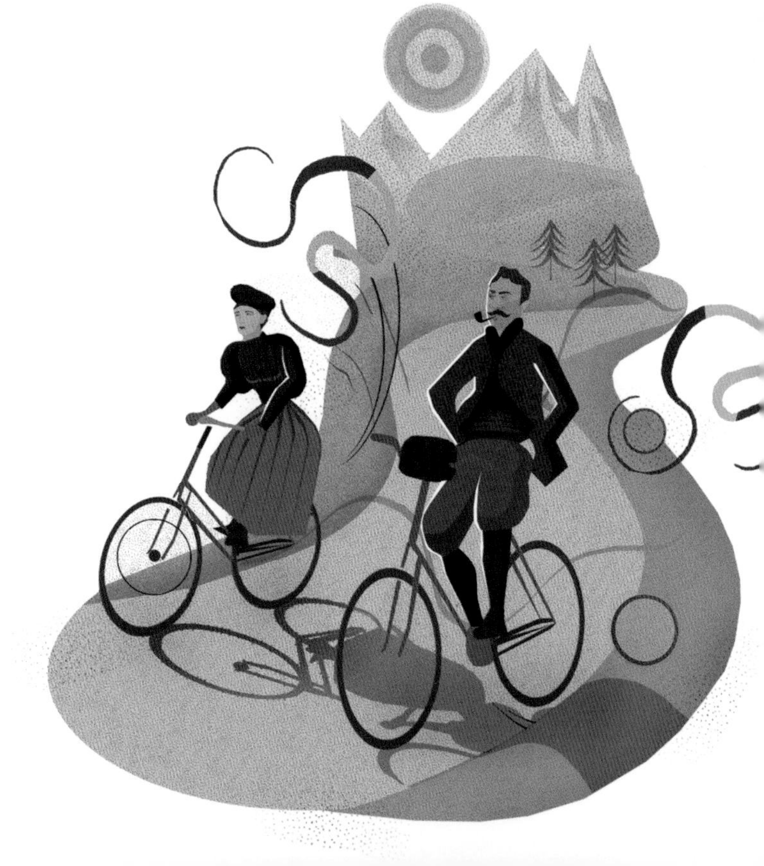

명예를 위한 싸움

앞서 한 이야기는 시작에 불과하다. 왜냐하면 칸딘스키와 뮌터는 여전히 서로 편지를 주고받았기 때문이다. 그리고 그 해 가을, 뮌헨에서 만난 두 남녀는 첫 키스를 나눈다. 그 일이 있은 이후 뮌터는 혼란스러웠으며 계속해서 갈등을 겪게 된다. 그녀는 황홀한 느낌을 받은 동시에 걱정이 되기도 했으며, 칸딘스키와의 관계의 위험을 잘 알고 있었다고 한다. 뮌터의 노골적인 어투로 쓰인 편지를 보면 그녀는 항상 '안락하고 조화로운' 행복을 꿈꿔 왔다고 말하며 슬픔을 표현하고 있다. 그녀는 이 편지를 칸딘스키에게 보내지는 않았지만, 그녀의 일기장에 남겨 두었다. 뮌터는 '항상 온전하게 자신의 것인' 사람을 사랑하는 것을 소망해 왔다고 쓰기도 했는데, 또한 자신이 비밀을 경멸하고, 몰래 칸딘스키와 밀회하는 것을 도저히 참을 수 없다고도 적었다. 하지만 그와 동시에 그녀는 자신의 소망을 칸딘스키와 함께하기 위해서라면 전부 희생할 수 있다고 말했다. 한 편지의 끝에 미래를 예측하는 것 같은 글을 쓰며 뮌터는 다음과 같은 말을 남겼다. '칸딘스키, 내가 다시 마음의 평온을 찾을 수 있게 허락해 주세요!'

칸딘스키도 뮌터와 같이 마음이 불편했다. 하지만 미래에 대한 두려움 때문이라기보다는, 그녀가 그에게 흥미를 잃었다고 생각해서 그랬던 것이다. 그는 10월과 11월 동안 내내 그녀에게 편지를 써 댔다. 그녀와는 다르게, 칸딘스키는 지속적으로 자신의 애정을 표현했다. 그는 자신이 평정심을 잃었고 그녀만을 생각한다고 적었다.

두 남녀가 주고받은 편지를 살펴보면 칸딘스키가 당시 몰두하고 있던 또 다른 것을 발견할 수 있다. 편지 내용을 보면, 칸딘스키는 스스로의 이미지에 대해 걱정했던 모양이다. 그는 스스로를 올곧고 존경받을 만한 사람으로 여겼다. 물론, 자신이 '비록 다른 사람을 아프게 할지도 모르는 약간 고약한 성질이 있다'고 표현한 적도 있다. 하지만 칸딘스키는 그의 아내인 아냐를 통해서 올바른 행동을 하고 싶었다. 비록 뮌터에게 푹 빠진 사실을 그 누구에게도 숨길 수 없었지만 말이다. 이것은 칸딘스키에게 큰 난제가 되었고, 결국 그는 스스로를 비난했다.

칸딘스키는 다른 사람의 삶에 대해서는 늘 공정하고 평등한 판단을 해 주는 사람이었다. 하지만 그런 그도 자신의 삶에 있어서는 공정하지 못했던 것 같다. 그는 자신의 행동이 다른 사람에게 어떤 영향을 미치는지 알지 못했다. 그의 아내였던 아냐에게도, 그리고 다른 사람에게도 그러했다. 이렇듯 칸딘스키는 제대로 상황을 보지 못하는 사람이었는데, 뮌터는 이런 칸딘스키의 성향을 몇 해가 지나고서야 깨닫게 된다. 그리고 이 무지로 인해 그녀의 행복은 크게 무너지게 되고, 심지어 정신 상태마저도 위기에 빠지게 되었다.

혼란

1903년에 칸딘스키와 아냐는 소란을 피우지 않고 서로와의 혼인 및 애정 관계를 청산했다. 그리고 결국 칸딘스키와 뮌터는 조용히 연인 관계를 맺었다. 여름에 함께 그림 여행을 하는 동안 (그들은 칼뮌츠Kallmünz의 중세 도시로 여행을 떠났다.) 그들은 '약혼식engagement'을 했다고 공공연히 알리고 이를 기념했다. 칸딘스키는 자신이 더할 나위 없이 행복하다고 표현했지만, 사실은 큰 죄책감에 시달리고 있었다. 그는 불안했고 낙담한 상태였으며, 스스로에게 자신을 잃은 만큼 작품에도 자신감을 드러내지 못했다.
물론, 예술가로서의 미래에 있어서 칸딘스키의 중심적 가치는 단 한 번도 무너지지 않았다. 그는 1904년에 '운명이 내게 충분한 시간을 허락한다면, 나는 영원히 사라지지 않는 새로운 세계 공통어international language를 찾아낼 것이다'라고 썼던 바 있다. 하지만 여기서 문제는 바로 칸딘스키가 더 이상 자신이 나아갈 길을 제대로 알지 못했다는 점이다.

시간이 지난 후, 아냐와 칸딘스키, 그리고 심지어는 뮌터까지도 친밀한 친구 관계를 형성하게 된다. 세 사람은 서로에게 앙심을 품지 않았다. 그러므로 칸딘스키는 어떤 면에서는 존경받는 신사로 남은 셈이다. 그럼에도 불구하고, 칸딘스키는 자신이 뮌터를 사랑한 것은 악의 없는 행동이었지만 동시에 어리석고 비좁은 사고에서 비롯된 것이라는 생각을 지울 수 없었다. 그리고 칸딘스키는 자신으로 인해 인생이 바뀐 아냐와 뮌터를 잊을 수 없었다. 그는 자신이 그들보다는 자기 자신을 위한 결정을 내렸다는 죄책감을 떨쳐버릴 수 없었다.

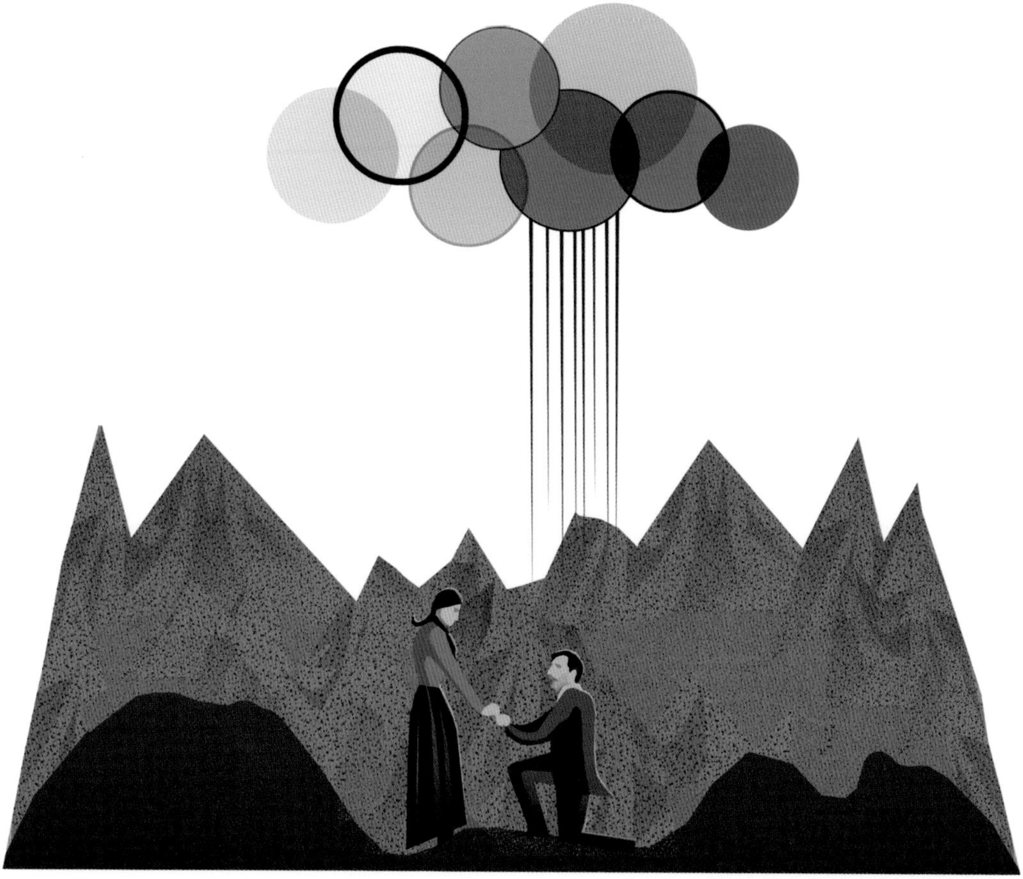

탈출

칸딘스키는 1903년의 남은 시간과 1904년의 대부분을 그가 이전에 말한 '세계 공통어international language'를 찾기 위해서 보냈다. 하지만 도저히 찾을 수가 없었다고 한다. 그리고 결과적으로 칸딘스키는 감정적, 예술적, 그리고 사회적 압박감에서 벗어나기 위해서 탈출을 시도한다. 1904년 말, 38세의 칸딘스키는 아냐와 그의 가정, 그리고 가진 대부분의 재산을 뒤로 하고 '약혼녀'의 위치에 있었던 뮌터와 떠난다. 두 사람은 행선지도 정하지 않고 떠났는데, 처음에는 튀니지Tunisia에 가서 몇 달을 지냈다. 그리고는 카르타고Carthage를 여행하고 이탈리아를 통해 뮌헨으로 돌아왔다. 또 얼마 지나지 않아 드레스덴Dresden과 밀라노Milan를 여행했다. 이렇듯 두 남녀는 유럽을 돌아다니며 한 장소에 몇 달씩을 머물렀다. 그들은 라팔로Rapallo와 파리Paris에도 갔으며, 도시 바로 외곽에 위치한 세브르Sèvres에서는 일 년 동안 머물렀다.

그리고 이 시간 동안 칸딘스키는 앙리 마티스Henri Matisse, 파블로 피카소Pablo Picasso, 라울 뒤피Raoul Dufy, 그리고 앙리 루소'le Douanier' Rousseau를 포함한 다수의 예술가들의 작품을 접한다. 칸딘스키는 그 작품들을 통해서 영감을 받은 동시에 예술가들의 관점에서 오는 순전한 힘과 그 방대함에 압도당한다.
1907년 2월, 칸딘스키는 갑자기 뮌터에게 자신을 떠나달라고 부탁했다. 혼자 있을 시간이 필요하다는 이유로 떠나달라고 한 것이다. 하지만 뮌터가 떠나자마자 칸딘스키는 외롭고 스스로를 믿을 수 없으며 절망한 상태라고 그녀에게 바로 편지를 썼다. 칸딘스키는 자신이 그녀를 기차에 데려다주고 난 후에 집에 오자마자 괴로워서 오열했으며, '머리카락을 쥐어뜯었고, 너무 크게 소리를 내서 운 나머지 집주인이 찾아오지는 않을까 걱정했다'고 고백했다.

사실, 원래 칸딘스키는 자기 자신을 잘 조절하는 사람이었다. 이 점을 고려했을 때 그가 당시 얼마나 괴로웠는지 우리는 짐작할 수 있다. 뮌터의 증언에 따르면, 칸딘스키는 당시 종종 순전히 긴장감 때문에 소리를 지르고, 두통, 어지러움, 그리고 절망감 때문에 고생했다고 한다. 그리고 두 남녀가 스위스에서 여정의 마지막을 맞아 다시 재결합을 했을 때, 그들은 정신적으로 그리고 신체적으로 지친 상태였다. 그 결과 칸딘스키는 회복을 위해 스파에서 다섯 주를 보냈다. 칸딘스키와 뮌터의 관계의 이 '방황의 시간trail period'은 4년 동안이나 이어졌다. 하지만 두 남녀는 안정을 찾기를 원했다. 그들은 스위스에서 떠나 베를린Berlin으로 향했고, 그 후에는 결국 뮌헨의 집으로 발걸음을 돌렸다.

신지학과 형이상학

검은 A, 흰 E, 붉은 I, 초록 U, 푸른 O: 모음들이여…
-아르튀르 랭보Rimbaud의 시에서 발췌

칸딘스키는 여행을 통해서 자신의 정신적인 한계치를 극복했다. 원래 칸딘스키는 부르주아적이고, 스스로가 만들어 낸 정신적 한계를 가졌던 인물이다. 하지만 그는 여행을 통해 예술뿐 아니라 아이디어를 받아들일 수 있는 사람으로 성장했다. 칸딘스키와 뮌터는 파리에서 한 해를 살았는데, 파리에는 예술과 아이디어가 충만했다. 특히 칸딘스키는 프랑스 상징주의자Symbolists들의 문학과 예술에 흥미를 갖게 되었다. 상징주의자들은 19세기의 이성주의와 물질주의에 반대했던 시인과 예술가들로, 주관성과 불확실성으로 도피하는 길을 택한 사람들이었다. 또한 상징주의자들은 보는 것보다 경험하는 것을 중시했고, 사물을 볼 때 모호함과 이동을 고려했다. 상징주의 아이디어를 흡수한 칸딘스키는 간결하고 모호한 말을 종종 했다. 예를 들자면 다음과 같다.
'숨겨진 것을 숨겨진 것의 방법으로 이야기한다. 이것은 충분하지 않은가?'
상징주의자들은 예술을 구원의 방식이라고 말했는데, 이 역시 중요한 사실이다. 그들은 예술을 도덕적인 도구로 여겼기 때문이다. 그리고 칸딘스키는 이런 점에 크게 이끌린다. 왜냐하면, 그는 성인이 되고 나서는 사회와 그의 국가인 러시아에 의무감을 느낀 결과 예술을 멀리했었기 때문이다.

칸딘스키가 상징주의를 깊이 탐구한 것을 단순히 아방가르드avant-garde 미술에 시간을 낭비한 행동으로 볼 수는 없다. 그리고 이는 도덕적인 목적을 둔 믿음에서 비롯한 행동도 결코 아니었다. 이 시기에 칸딘스키는 당시 파리를 포함한 산업화된 여러 지역에서 발생한 신비주의mysticism에도 흥미를 갖게 되었다. 특히 칸딘스키는 신지학에 관심을 가졌다. 19세기에 등장한 학문인 신지학은 세상에 알려져 있는 모든 종교를 한 가지 시스템으로 연결하려고 시도한 학문이었다. 칸딘스키는 그의 메모장에 그 당시 유명한 신지학자였던 루돌프 스타이너Rudolf Steiner의 글을 베껴 적기도 했다. 그렇게 베껴 적은 글들은 주로 '인간이 지닌 기운Man's Aura'와 관련된 내용이었다.

고노드의 음악 G 판
Plate G, Music of Gounod

애니 베전트와 찰스 리드비터가 저술한
〈사념형상〉에서 발췌, 1901

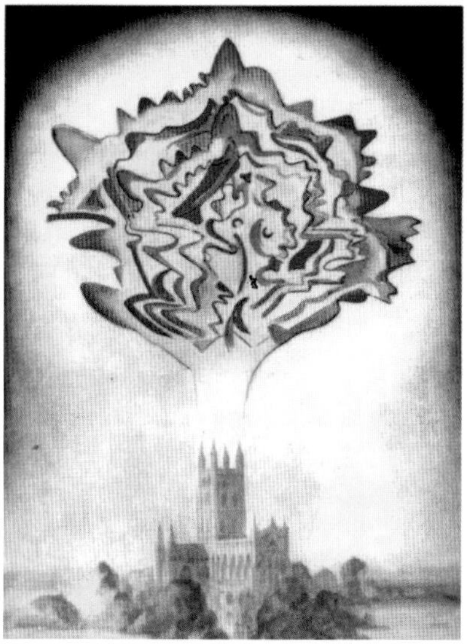

사실, 칸딘스키가 신지학을 진심으로 받아들였다는 증거는 없다. 하지만 그가 많은 시간과 관심을 신비주의에 쏟았다는 것은 명백한 사실이다. 게다가 후에 칸딘스키는 다른 사람들로부터 종종 '영적인 사람spiritual'이라고 불렸다는 기록이 있다. 뮌터도 그를 '신성한 사람a holy man'이라고 불렀다고 한다. 또한 칸딘스키는 신앙 요법을 믿었고, 오컬트 관련 주제에 대한 도서를 많이 소장하고 있었다. 그중에는 난해한 철학, 명상, 그리고 초자연 현상을 다룬 책들도 있었다.
칸딘스키는 특히 '염사'에도 관심을 가졌는데, 여기서 염사란 인간의 사고를 이미지의 형식에 담을 수 있다는 발상이다. 그가 소유한 책들 중 한 권이 바로 유명한 신지학자인 애니 베전트Annie Besant와 찰스 리드비터Charles Leadbeater가 공동으로 쓴 〈사념형상Thought Forms〉이다. 이 책에는 감정이나 음악과 같은 자극이 만들어낸 다양한 '사고'의 형태와 색상이 요약되어 적혀 있다. 〈고노드의 음악Music of Gounod〉 같은 작품과 칸딘스키의 초기 추상 미술을 보면 분명히 시각적인 연결 고리를 찾을 수 있다.

큰 발걸음

1908년 봄에 칸딘스키와 뮌터는 뮌헨에 거주하고 있었다. 하지만 두 사람은 같이 살지는 않았다. 게다가 완전히 자리를 잡은 것도 아니었다. 하지만 둘은 정기적으로 바이에른 알프스Bavarian Alps의 작은 언덕길로 하이킹을 떠났다. 그러던 중에 무르나우Murnau라는 명칭을 가진 오래된 시장 마을을 발견했는데, 마을을 발견하고 나서 아주 신난 나머지 친구들에게 그 마을에 대해서 극찬을 늘어놓았다. 여기서 친구들이란 러시아 출생이지만 고국을 떠나 있었던 알렉세이 야블렌스키Alexj von Jawlensky와 마리안느 베레프킨Marianne von Werefkin이다. 그들은 두 달 동안 무르나우의 집 한 채를 빌려서 살았다. 그리고 8월이 되자 칸딘스키와 뮌터는 그들과 함께 지내게 되었다. 두 쌍의 연인은 늦여름의 태양 아래 3주 동안 함께 그림을 그렸다. 그 시간 동안 네 사람은 맹렬한 영감을 받아 그림을 그렸다.

칸딘스키는 예술을 접하기 전 그의 모습을 '그물에 걸린 원숭이와 같았다'고 표현한 적이 있다. 그는 자신이 결국 자유를 얻었다고 말했다. 자유를 얻기 위해서 그가 찾아야 했던 것은 바로 색상이었다. 그렇게 그는 파리에서 접한 야수파Fauve 작품을 겨우 이해할 수 있게 되었다. 그리고 야수파 작품에서 받은 영향과 신지학에 대한 그의 흥미를 직관적이고 소란스러운 느낌과 강한 인상을 남기는 풍경 그림으로 재창조했다. 그 작품이 바로 〈가을 풍경과 배Autumn Landscape with Boats〉로, 1908년 작품이다. 이 그림은 칸딘스키가 영적 언어spiritual language라고 묘사했던 개념을 찾는 데 있어서 첫걸음을 내딛게 한 작품이다.

칸딘스키와 뮌터는 그림을 그리고 있지 않을 때에도 무르나우에서 영감을 얻을 수 있었다. 그리고 이것은 자연의 아름다움에서 얻는 영감만은 아니었다. 무르나우 미술 역시 그들에게 강렬한 영향을 미치게 되는데, 특히 유리그림Hinterglasmalerei은 큰 영향을 주었다. 유리그림은 당시 흔하지 않던 작품으로 유리를 뒤집어서 제작한 그림 형식이었다.

그해 여름에 뮌터는 '고통의 시간 후에 나는 큰 발걸음을 디뎠다. 자연을 모방하는 것에서 사물이 담은 것을 느끼는 데 이르렀고, 추상화에서 추상적인 것을 전달하는 단계에 도달했다'라고 표현했다. 사실, 그녀는 칸딘스키를 대신해서 그런 말을 한 것일지도 모른다.

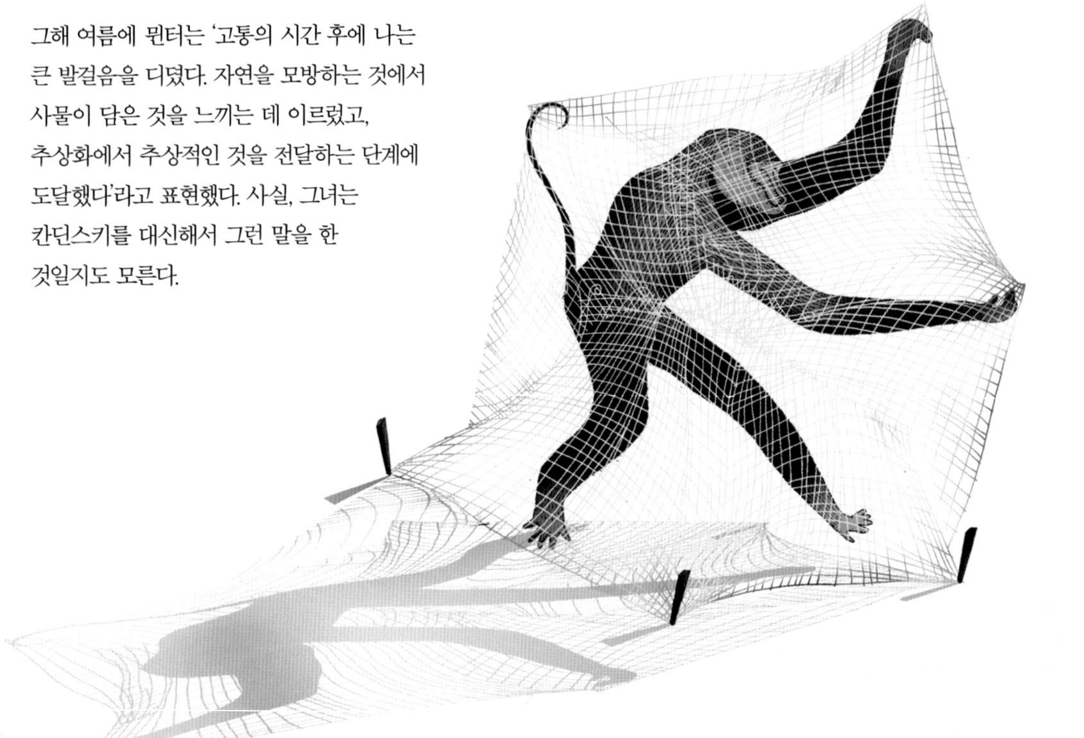

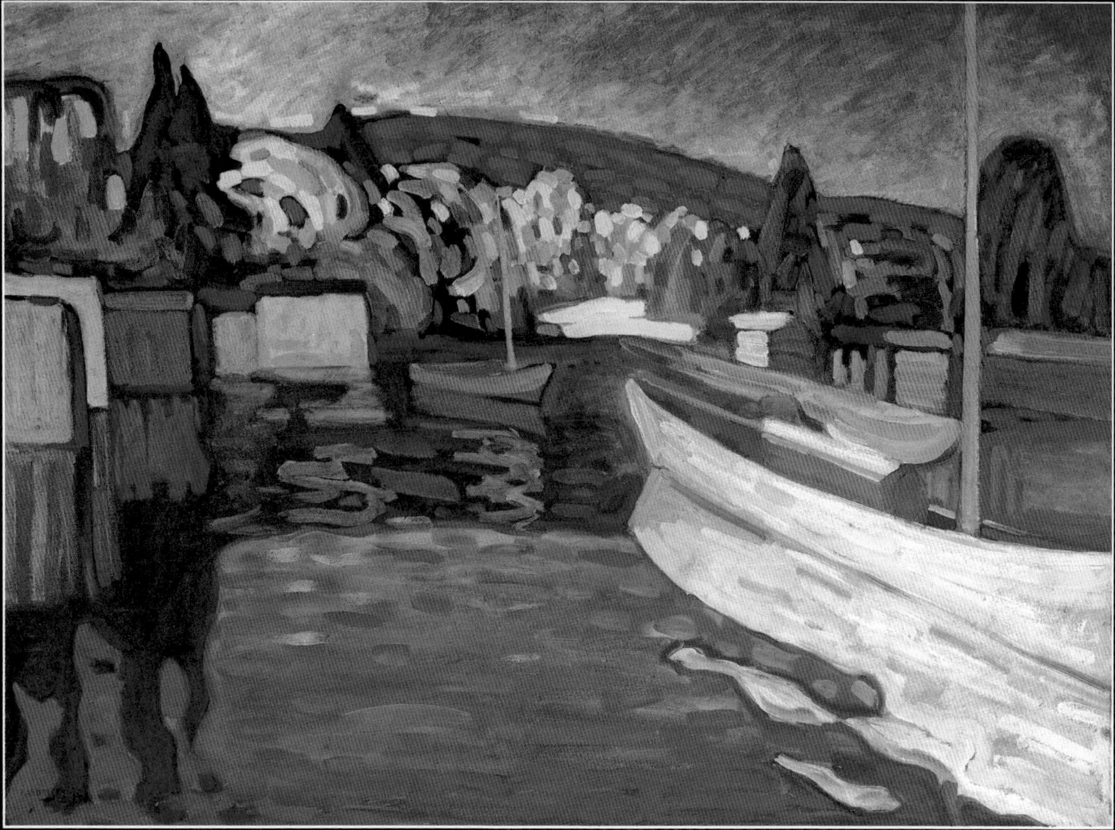

가을 풍경과 배

Autumn Landscape with Boats

바실리 칸딘스키, 1908

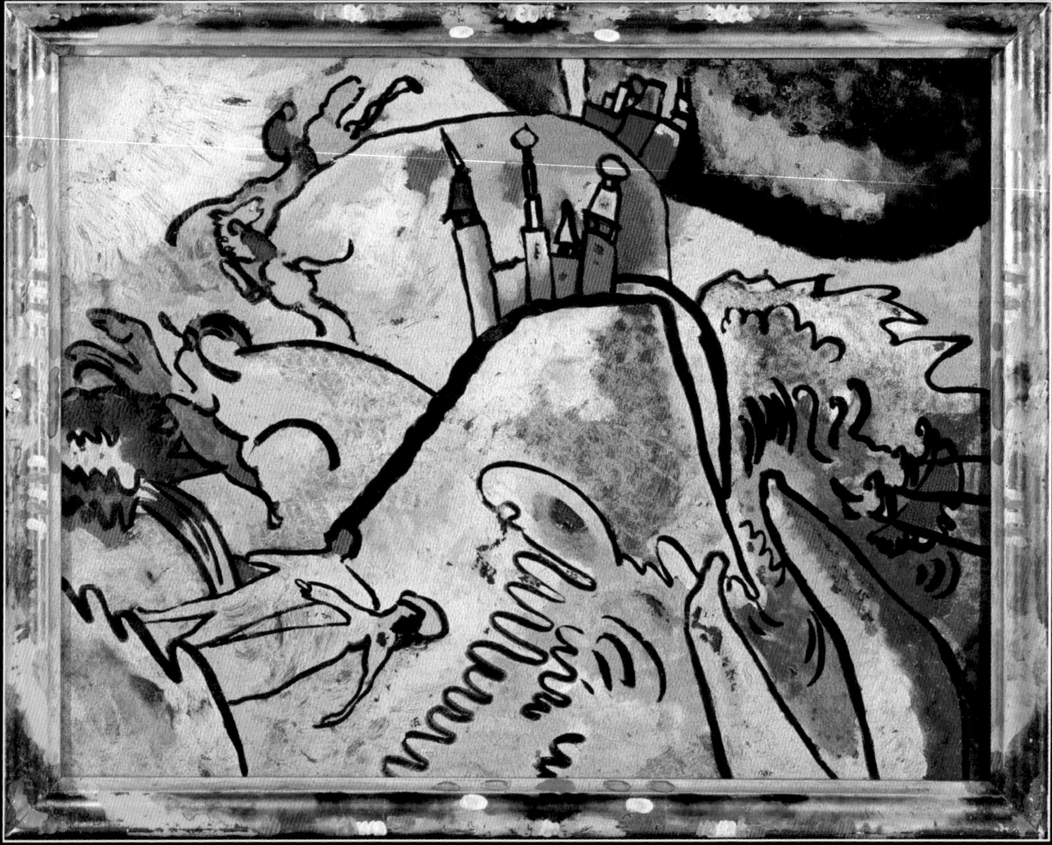

태양을 담은 유리그림
Glass Painting with the Sun

바실리 칸딘스키, 1910

유리그림
30.6 × 40.3 cm(12 × 16 in)
렌바흐하우스 미술관, 뮌헨

돌파구

1908년 말에서 1909년까지, 칸딘스키, 뮌터, 그리고 알렉세이와 마리안느는 그림을 그리며 성공적인 시간을 보냈다. 1월이 되자 그들은 뮌헨 신생 예술가 연합New Artists' Association Munich NKVM을 창립했다. 그들은 전시회를 기획하기 시작했다. 그들은 많은 젊고 재능 있는 예술가들을 끌어들였고, 보헤미안 문화로 가득한 슈바빙Schawabing에 위치한 알렉세이의 작업실은 예술의 새로운 방향을 논의하는 주요 장소가 되었다.

이 시기에 칸딘스키는 자극을 많이 받았다. 여전히 '진정한' 예술을 창조하고자 고군분투하고 있었던 칸딘스키는 환희에 차 있었는데 그가 찾던 언어와 길을 이미 발견한 후였다. 봄이 되자 그와 뮌터는 무르나우에 다시 돌아왔는데 칸딘스키는 그녀에게 그 마을에 위치한 집을 구매하도록 설득한다. 집을 사고 두 사람은 그 지역의 작품과 전통 가구로 집을 가득 채웠지만, 모순적이게도 처음부터 '러시아의 집the Russian house'라고 이름을 지었다. 그리고 이는 현실을 반영하는 이름이었다고 볼 수 있다. 왜냐하면 칸딘스키와 뮌터는 그 집의 창틀, 계단, 그리고 테이블에 색을 입혔고, 그렇게 볼로그다에서 영감을 불러일으켰던 '살아 있는 캔버스living canvas'를 집에 창조했기 때문이다.

또한 두 사람은 각자의 발전을 위해서도 노력을 아끼지 않았다. 그들은 스스로 유리 그림Hinterglasmalerei을 제작하기 시작했다. 그중 하나가 〈태양을 담은 유리그림Glass Painting with the Sun〉이라는 작품이다. 이렇듯 다른 기술로 한 번 더 실험을 함으로써 신선하고 즉흥적인 형식을 만들게 된 것이다. 또한 칸딘스키는 색상의 새로운 순수함과 선의 경제성을 이용해서 사물에 지배받지 않고 자신의 색채를 드러내게 되었다.

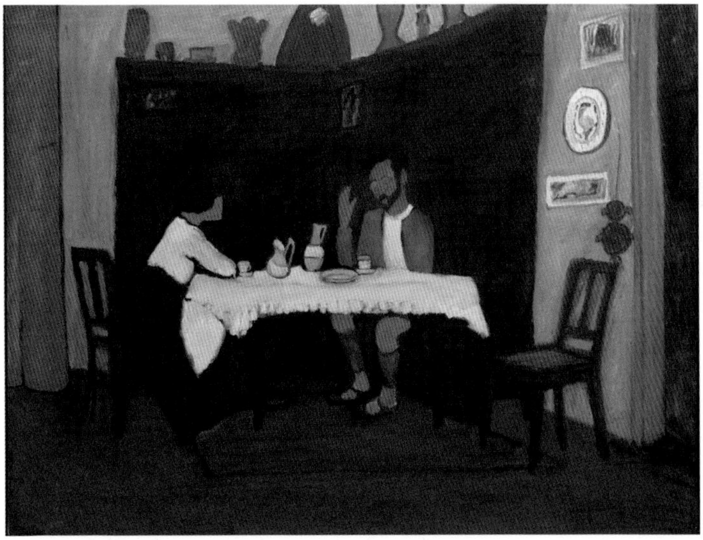

무르나우 집에서 테이블에 앉은 칸딘스키와 에르마 보씨
Kandinsky and Erma Bossi at the Table in the Murnau House

가브리엘레 뮌터, 1912

캔버스에 유화
95.5 × 125.5 cm(37½ × 49½ in)
렌바흐하우스 미술관, 뮌헨

견과류와 그 껍질

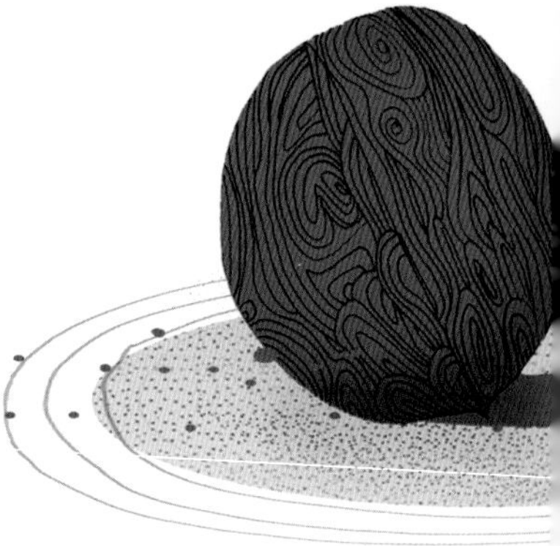

칸딘스키는 자신이 그물망에 걸린 원숭이였다고 묘사했었다(26페이지 참조). 그는 그물망에서 벗어나는 길에 대해 일부 저술하던 중이었다. 그리고 그 시기 동안 칸딘스키는 그의 미학적인 창의력에 필적하는 수준으로 자신의 지식을 표출했다. 칸딘스키는 학계를 떠난 데다가 통용되는 과학적 지식을 버렸지만, 여전히 그는 생각할 줄 아는 사람이었고 또한 글을 쓰는 사람이었다. 칸딘스키는 단 한 번도 글을 통해 논리를 전달하는 것을 포기하지 않았다. 그는 글을 쓰기 시작했다.

칸딘스키가 쓴 글의 가장 대표적인 주제는 진실이다. 그는 미술이란 '번개나 폭발처럼 빛이 갑작스럽게 비추는 것으로, 천국에서 불꽃놀이를 하는 것처럼 빛이 발생하는 과정'을 통해서 진실을 찾는 수단이라고 주장했다. 이것은 칸딘스키가 말하는 '내면의 경험inner experience'과도 연관이 있다. 논리적인 사람이 보았을 때, 내면의 경험은 처음에는 아주 비이성적이며 주관적인 관점으로 여겨질 수 있다.

그리고 사실 그 말은 틀리지 않았다. 칸딘스키는 과학과 논리의 엄격함을 따르지 않았던 것이다. 그가 1912년에 쓴 글을 보면, '세상에 확실한 것은 없다'라고 적혀 있다. 칸딘스키는 그가 '세상의 삶을 악하고 쓸모없는 놀이로 변질시킨 물질주의의 악몽'으로 인해서 망가져 버렸다고 생각했다. 그리고 그런 그에게 미술은 도덕적인 신념이 되었다.

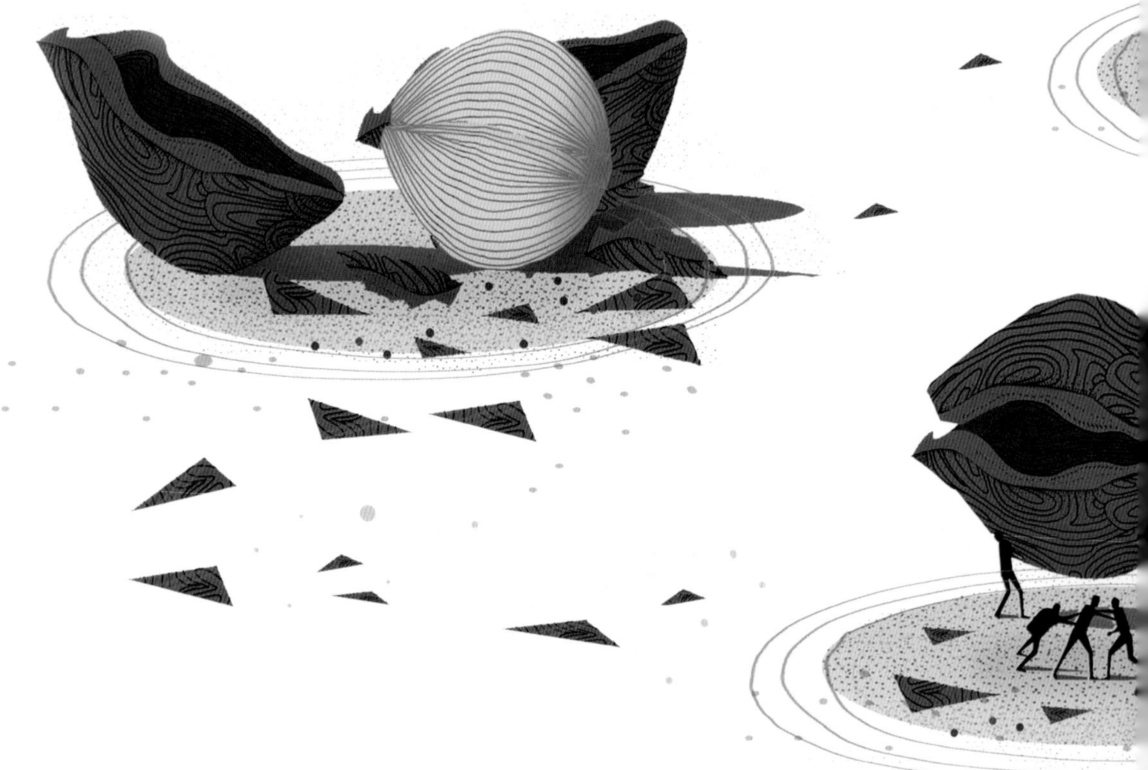

'진실 안에서 이루어지는 움직임은 아주 복잡하다. 거짓이 진실이 되고, 진실이 거짓이 된다. 일부분은 마치 견과류의 껍질이 벗겨지듯 무너져 버린다. 시간이 지나면 껍질이 부드러워지고, 그렇게 어떤 이들은 껍질을 견과류의 열매로 오인한다. 그들은 껍질에게 그 열매의 성질을 부여하게 된다. 다수는 껍질을 얻기 위해서 싸우고, 그 속에 있던 열매는 굴러가 버린다.'

–칸딘스키의 〈예술의 영혼에 대하여Concerning the Spiritual in Art〉에서 발췌

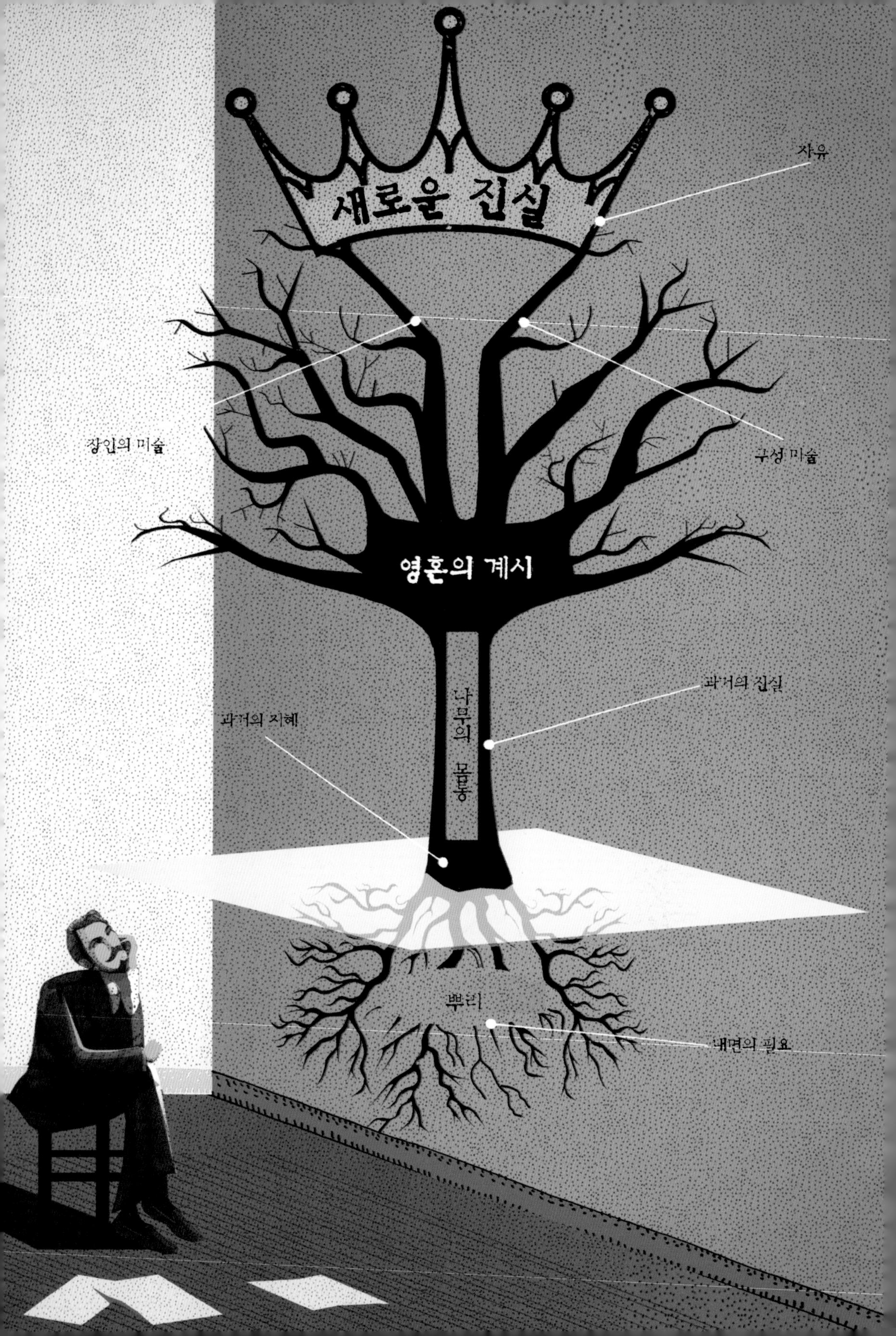

새로운 진실
자유
장인의 미술
구성 미술
영혼의 계시
과거의 진실
과거의 지혜
나무의 몸통
뿌리
내면의 필요

〈예술의 영혼에 대하여Concerning the Spiritual in Art〉

칸딘스키는 계속해서 글을 쓰면서 예술가를 예언자 같은 존재라고 묘사했다. 여기서 예언자란, 인류를 무지에서 높은 진실로 인도해주는 사람이다. 이를 표현하는 데 칸딘스키는 수많은 은유법을 사용해서 그의 발상에 대해 설명했다. 그중 가장 상징적인 것이 바로 나무를 사용한 비유다. 칸딘스키의 설명에 따르면, 계몽되지 않은 야만인과 자유 사이에 한 그루의 나무가 있다고 한다. 계몽되지 않은 인류는 아직도 '과거의 진실'에 얽매여 있지만 진실한 계몽을 통해서 자유를 얻는다. 칸딘스키는 이렇듯 인류에게 자유를 얻게 해 주는 것이 예술가의 의무라고 믿었다. 예술가가 없으면 인류는 자유를 얻을 수 없다고 그는 믿었다.

칸딘스키는 1911년 말, 〈예술의 영혼에 대하여Concerning the Spiritual in Art〉를 저술했다. 이 책에서 그는 자신의 발상을 논했는데, 아마도 이 책은 가장 팔리지 않을 것 같은 책이었지만 미술 이론 관련 도서 중 가장 파급력이 강한 것 중 하나였을 것이다. 〈예술의 영혼에 대하여〉는 칸딘스키가 1910년 여름 무르나우에 머물렀을 때부터 생각해낸 아이디어를 담았으며, 추상 미술에 대한 일관적이며 깊은 탐구 내용을 담았다. 물론 다른 예술가들 역시 자신의 작품에 대해 비슷하게 탐구한 바 있다. 하지만 칸딘스키는 그것의 온전한 의미를 이해한 유일한 예술가였다. 게다가 그는 자신의 아이디어를 글로 써서 수천 명의 독자들에게 전달한 유일한 예술가였다. 칸딘스키는 책에 예술은 명확한 사고를 뛰어넘는 것이며 자연을 논하는 것에 의존하지 않는다고 썼다. 또한 예술가들에게 오직 감정과 색상과 형태를 보는 것에 의지해 작품 활동을 하라고 권했다. 하지만 동시에 칸딘스키는 예술가의 시각은 '내면의 필요'에 기반을 두어야 한다고 주장하기도 했다(칸딘스키는 '내면의 필요'라는 용어를 '내면의 진실'과 동일한 의미로 종종 사용했다고 전해진다).

칸딘스키의 주장에 따르면, '내면의 필요'가 19세기의 물질주의의 악한 영향과 그 빠른 전파 때문에 사라지게 되었다고 한다. '내면의 필요'가 없으면 예술가의 작품은 결코 훌륭할 수 없다는 것이 칸딘스키의 주장이다. 그는 '예술가는 시력뿐 아니라 영혼을 단련해야 한다'고 믿었으며, 예술가가 '내면의 필요'를 이해하지 못한다면 그가 창조한 작품은 '그저 장식품'일 뿐이고 한낱 '넥타이나 카펫과 다를 바 없다'라고 강력히 말했다.

1900년대 초반에도 그랬고 이후에도 그랬듯이 칸딘스키는 '영적인spiritual' 과정이 제한적이고 굳어진 인류를 진실로 인도해 줄 것이라고 믿었다. 세계 1, 2차 대전과 그에 따른 외상을 겪은 후에도 그는 자신의 믿음을 놓지 않은 것 같다. 그는 이 아이디어를 굳게 신뢰했기 때문에 다음 페이지에 등장하는 새로운 사상을 이끄는 데도 크게 이바지했다.

새로운 친구들과 새로운 사상

1910년 말에 칸딘스키는 새로운 자극을 받는다. 10월이 되자 그는 고향 러시아로 오래 미루어 두었던 여행을 떠났다. 그는 모스크바에서 뮌터에게 다음과 같은 내용의 편지를 보냈다.

'왜 이곳의 삶은 더욱 강렬하고, 더욱 매혹적일까?… 나는 모스크바가 나에게 채찍질을 하지만, 동시에 연고를 발라 주는 도시라고 생각하오.'

그해 말에 칸딘스키는 돌아왔다. 그리고 알렉세이 야블렌스키가 주최한 새해 전날 파티에서 젊은 프란츠 마르크Franz Marc를 만난다. 그해 가을에 열렸던 뮌헨 신생 예술가 연합 전시회에 관해서 칸딘스키를 향한 극심한 혹평이 난무했지만, 프란츠 마르크는 긍정적인 평을 쓴 유일한 인물이었다. 두 사람은 빠른 속도로 친해졌으며 서로 존경을 표시했다. 그 예로, 프란츠 마르크는 그의 연인인 마리아 프랑크Maria Frank에게 그 다음 날 편지를 썼는데, 다음과 같이 적었다. '개인적인 매력에 관해 논하자면, 칸딘스키는 모든 이를 능가하는 사람이다… 나는 칸딘스키에게 완전히 매료되고 말았다.'

칸딘스키 역시 그에게 호감을 느꼈다. 그는 프란츠 마르크를 그 다음 날 열리는 콘서트에 초대해서 함께 관람했다. 그 콘서트는 아르놀트 쇤베르크Arnold Schoenberg의 두 번째 현악 4중주를 처음으로 뮌헨에서 선보이는 공연이었다. 그런데 뮌헨 사람들은 그의 음악이 조성이 없으며 엉뚱한 가사로 가득한 것에 놀랐다고 전해진다. 엉뚱한 가사 중에는 '나는 다른 행성의 공기를 느낀다'는 말도 있었다고 한다. 그 결과 대부분의 뮌헨 사람들은 이 공연에 야유를 보내고 비웃었다. 하지만 프란츠 마르크와 칸딘스키에게는 이 공연이 하나의 계시가 되었다. 그들처럼 아르놀트 쇤베르크는 전통적인 조화와 일관성을 부인했기 때문이다. 칸딘스키는 공연을 관람한 후 서둘러서 집으로 돌아간 다음, 책을 쓰는 대신 그림을 그렸다. 이렇게 창조된 작품이 바로 〈인상 III Impression III (Concert)〉이다. 이 작품에는 거대한 검은색 피아노가 등장하는데 이는 작품 전체를 지배한다. 음악을 듣는 관중은 피아노를 향해 몸을 굽히고 있으며, 알록달록한 선과 얼룩, 그리고 방울들이 뿜어져 나오는 모습은 마치 유성우를 보는 듯하다. 칸딘스키가 그 공간을 살아 숨 쉬게 만든 것이다.

그 공연이 있었던 밤, 칸딘스키는 그가 이미 알고 있었던 사실을 재확인한 셈이었다. 그 사실은 바로 작품에 사물이나 이야기가 없더라도 보는 이에게서 응답을 얻어낼 수 있다는 것이었다. 그리고 칸딘스키는 작품을 감상하는 사람에게서 응답을 이끌어 내는 것이 그가 배워 온 고전적인 형식으로도 가능하다는 사실을 알아차렸다.

그 후에 칸딘스키는 아르놀트 쇤베르크에게 편지를 썼다. 편지 속 그의 말투는 마치 어린아이 같았으며 벅찬 흥분으로 가득했다. 두 사람은 그 후 8개월 동안은 서로를 직접 만나지 못했지만 편지를 주고받으며 친구가 되었다. 칸딘스키는 새 친구에게 편지를 쓸 때는 자신의 내성적인 성격을 버리고 벅찬 흥분을 담아서 적었다. 또한 항상 깊고 열정적으로 아르놀트 쇤베르크를 격려했다.

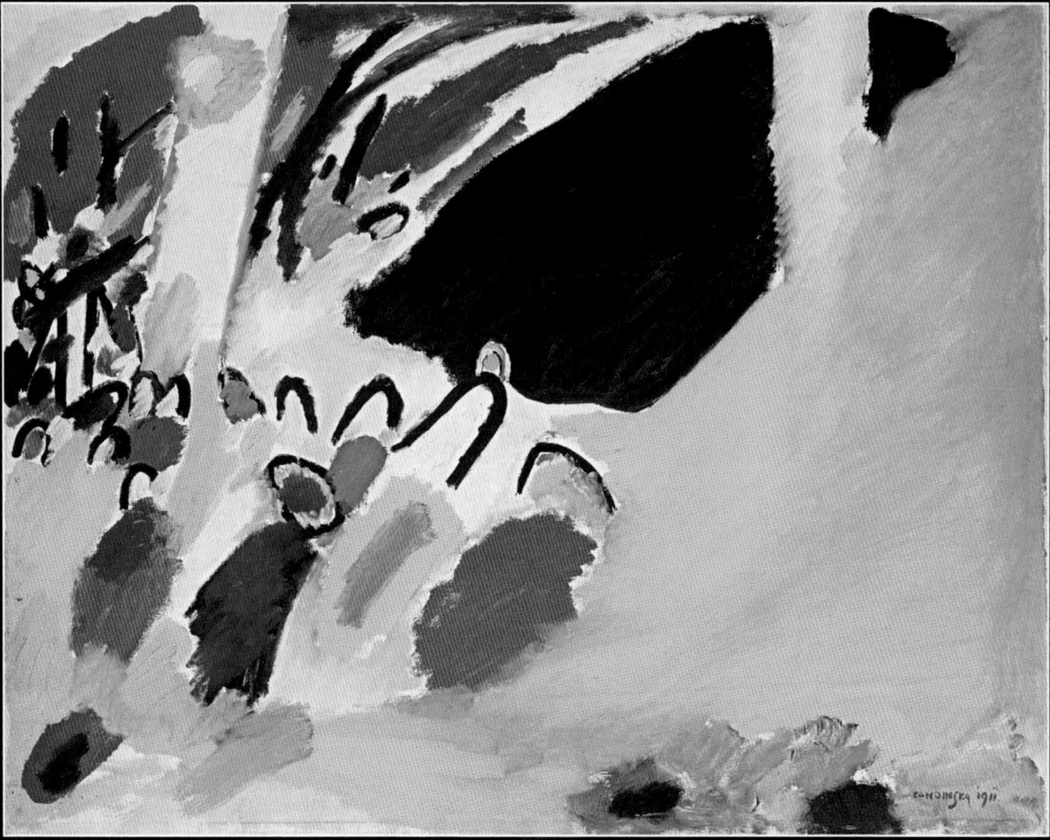

인상 III

Impression III (Concert)

바실리 칸딘스키, 1911

캔버스에 유화
77.5 × 100 cm(30½ × 39 in)
렌바흐하우스 미술관, 뮌헨

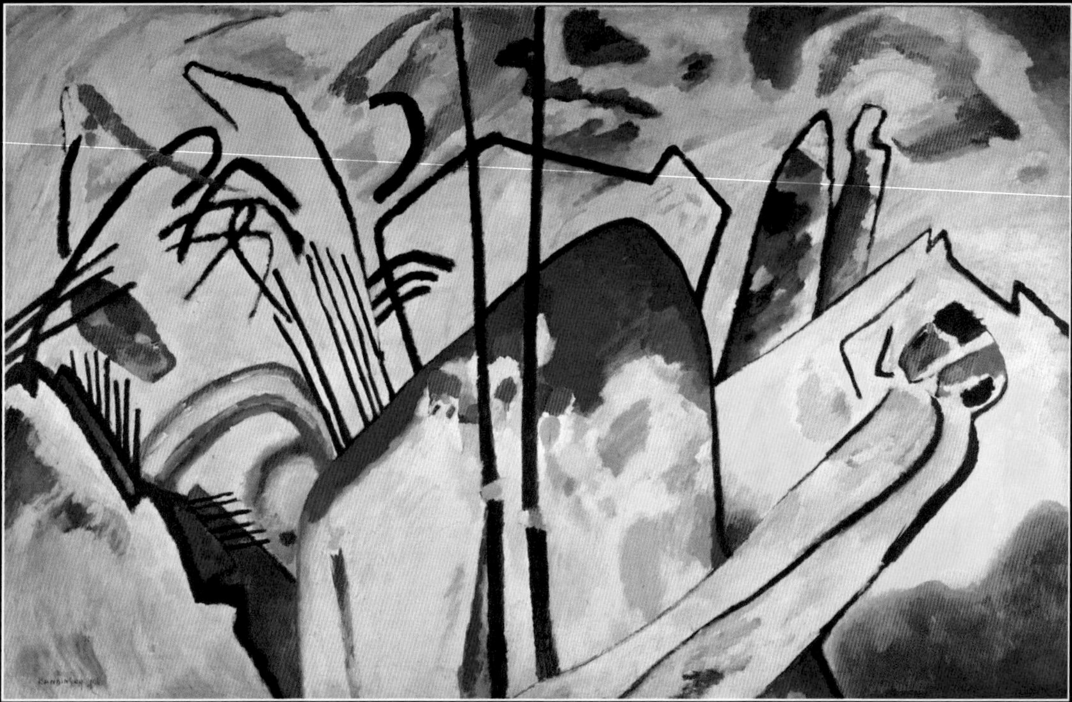

구성 IV

Composition IV

바실리 칸딘스키, 1911

캔버스에 유화
159.5 × 250.5 cm(63 × 98 in)
노르트라인 베스트팔렌 미술관, 뒤셀도르프

추상 미술을 향해서

칸딘스키는 1910년까지 학문적으로도 미학적으로도 엄청난 변화를 이룩했지만 그가 가진 계획은 사실 그보다 훨씬 더 원대했다. 그리고 그의 계획은 결코 끝난 적이 없었다. 칸딘스키의 싸움은 진실을 위한 것이었지만, 싸움 자체는 그 자신을 상대로 싸우는 것이었기 때문에 도저히 결론이 날 수가 없었다. 칸딘스키가 인생의 산꼭대기를 넘어서고 모서리를 지나갈 때마다, 그는 조금씩 더 자신의 한계를 늘려 나갔다. 그러면서 그는 목표를 조금씩 멀리 세웠다. 그렇게 하고 나자 칸딘스키는 다음과 같은 감정을 느꼈다고 한다.

> 핵을 피부에서 분리시킬 수 없다. 나는 허물에서 벗어나지 못한 뱀 한 마리를 상상해 보았다. 이미 끔찍하게 죽어버린 허물 같이 여겨졌다. 그렇지만 이는 계속해서 붙어 있었다…

하지만 1910년 즈음에 큰 변화가 일어났다. 최초의 추상화가 등장한 것이다. 칸딘스키는 1910년에 글로써 이 그림에 대한 이야기를 전한다. 그의 이야기에 따르면, 그는 작업실에 들어갔는데 너무 아름다운 그림 한 점이 놓여 있어서 눈물을 흘렸다고 한다. 그 순간은 찰나였을 뿐, 칸딘스키는 그 그림이 자신이 그린 작품 중 하나였다는 사실을 깨닫게 된다. 그것은 바로 〈구성 IVComposition IV〉의 스케치였다. 뮌터가 작업실을 정리하면서 원래의 그림을 옆으로 돌려서 놓아둔 것이었다. 칸딘스키에게 이 순간은 그가 모네의 작품을 본 순간을 떠올리게 했다. 그렇게 그는 사물의 제한에서 비로소 자유를 얻었다.

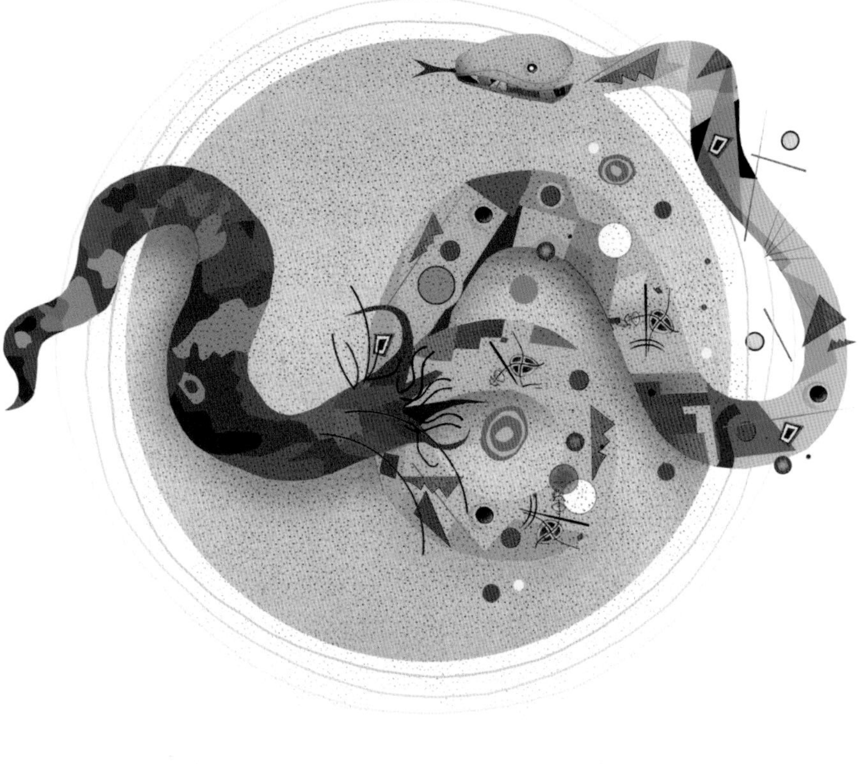

추상화

칸딘스키가 그의 첫 추상화를 정확히 언제 그렸는지는 큰 논쟁거리다. 그가 20세기의 첫 추상 화가인지 아닌지 역시 열띤 토론의 주제가 되고 있다. 칸딘스키는 서양미술의 발전에 있어서 자신의 역할이 컸다고 강하게 주장했다. 그는 자신이 1910년에 쓴 글에서 아홉 가지 증거를 대면서 자신이 최초의 추상화를 그렸다고 주장하기도 했다. 그 정도로 칸딘스키는 야심찬 인물이었다.

이 시점에 칸딘스키의 격렬한 삶은 그의 인간관계에 좋지 못한 영향을 미치게 되었다. 그는 뮌터와 시간을 점점 덜 보내게 된다. 뮌터는 1911년 여름 내내 그녀의 가족을 방문하며 여행을 더 자주 했다. 칸딘스키와 뮌터의 관계는 이 시점을 기준으로 조금씩 어긋나게 된다. 그녀가 불평불만을 늘어놓으면 칸딘스키는 무미건조하고 회피하는 듯한 답변을 한 것이다. 그렇지만 때때로 칸딘스키는 그녀에게 삶을 '무척 불행하게' 만든 것에 대해 사과하기도 했다. 칸딘스키는 과장을 해서 다음과 같은 글을 썼다.
'몇 해 전에 나는 시베리아에 갈까 진지하게 고민했었소. 그리고 내가 사랑하는 사람들을 나로부터 자유롭게 해 주고 싶었지. 그 사람들이 나를 저버리고 내가 혼자가 된다면, 내가 아무에게 해를 끼치지 않을 것이니까 말이오. 그 편이 훨씬 나을 것이라고 생각했소.'

1910년부터 칸딘스키의 작품에는 자족과 독립성이 부각된다. 그는 거의 캔버스로만 작업을 했는데, 〈인상Impression〉, 〈즉흥Improvisation〉, 그리고 〈구성Composition〉이라는 제목을 부여했다. 〈즉흥Improvisation〉 작품들은 칸딘스키의 내면세계에서 온 경험과 감정을 담고 있다. 그리고 〈구성Compositon〉 작품들은 칸딘스키가 지은 교향곡 같은 작품이라고 할 수 있다. 바로 그의 작업과 사고의 정점이기 때문이다. 칸딘스키는 이것이 중요하다는 사실을 인지하고 있었다. 그는 '구성composition'이라는 단어에도 숭배감을 표시하는 사람이었다. 그는 1910년 1월에 그의 첫 〈구성Composition〉 작품을 그렸는데, 다섯 번째 작품인 〈구성 VComposition V〉는 1911년 11월에야 완성했다. 이는 그가 〈예술의 영혼에 대하여Concerning the Spiritual in Art〉를 출판했던 것과 같은 시기다. 〈구성 V〉는 전체적으로 추상적인 내용을 담은 첫 캔버스 작품이다. 그리고 그 이유 때문에 칸딘스키의 친구들은 이 작품을 뮌헨 신생 예술가 연합 전시회가 12월에 진행하는 행사에서 제외시킨다.

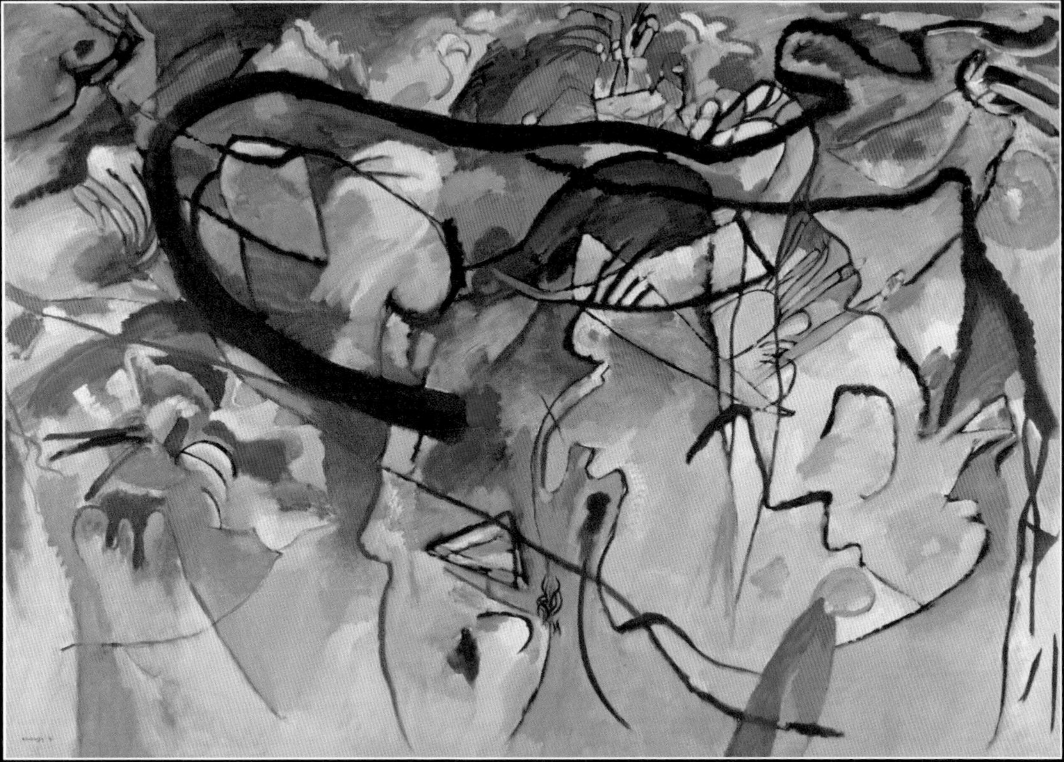

구성 V

Composition V

바실리 칸딘스키, 1911

캔버스에 유화

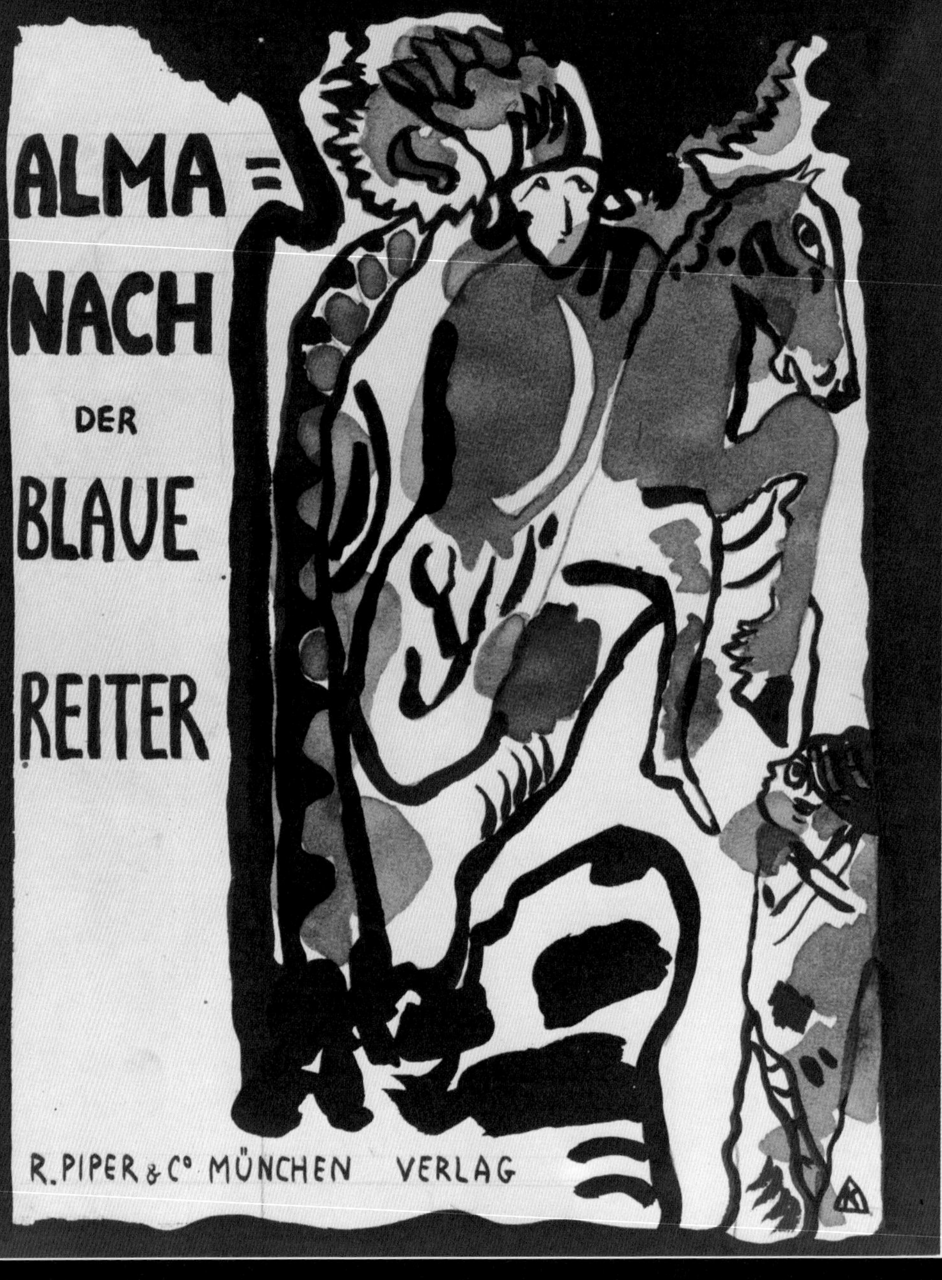

청기사의 카탈로그 표지
The Blue Rider

바실리 칸딘스키, 1911

27.9 × 21.9 cm(11 × 8½ in)
렌바흐하우스 미술관, 뮌헨

청기사The Blue Rider

그때, 뮌헨 신생 예술가 연합 내부에 처음으로 분열이 생겨났다. 〈구성 V〉에 대한 단체의 거부 반응은 그들의 분열에 쐐기를 박았다. 그 후, 칸딘스키와 프란츠 마르크는 여섯 달 정도를 다음 프로젝트를 준비하는 데 보냈다. 그것이 바로 〈청기사Der Blaue Reiter The Blue Rider〉 프로젝트로, 열 명 남짓 하는 예술가들을 모아서 함께 전시회를 연 것이었다. 그것이 전부였다. 칸딘스키는 그와 프란츠 마르크가 커피를 마시며 즉흥적으로 전시회 이름을 생각해 낸 것이라고 주장했다. 사실 이는 거짓말이었다. 칸딘스키는 그가 기사를 좋아하고, 프란츠 마르크는 말을 좋아하고, 두 사람이 가장 좋아하는 색상은 청색이었기 때문에 그런 이름을 지었다고 주장했다.

첫 전시회는 조용히 혼란을 불러일으켰다. 심지어 마음씨 좋은 비평가들조차 비슷하게 부정적인 반응을 보였다. 관람객들은 벽에 걸린 그림들의 연결 고리를 도통 알 수가 없었다. 칸딘스키는 거리낌 없이 '우리의 목적은 예술가의 내면의 소망이 어떻게 다양한 형식을 띠는지 보여주는 것이다'고 설명했지만, 여전히 관람객들은 그를 이해할 수가 없었다.

〈청기사the Blue Rider〉 전시회들은 아주 중요한 일이었다. 칸딘스키와 프란츠 마르크에게는 이 전시회가 하나의 연감almanac이었다. 왜냐하면 그들의 에세이, 시, 노래, 그리고 놀랍도록 방대한 양의 이미지를 한자리에 모아 놓은 것이었으니 말이다. 또한 이 전시회는 20세기 예술에 길이 남는 점을 찍었다. 그들이 영적인 진실을 찾고, 근대 시대에 무너지는 물질주의에 맞서 싸우는 모습을 이 연감을 통해 가볍게 보여 주었던 것이다.
이 전시회에 참여한 예술가들 중 몇 명은 수정 작업을 돕기도 했다. 젊은 예술가였던 아우구스트 마케August Macke와 파울 클레Paul Klee가 그중 일부였다. 파울 클레는 칭찬에 인색한 사람이었지만, 칸딘스키를 보고 받은 인상에 대해서는 다음과 같은 말을 남겼다. '그는 대단히 아름답고 투명한 정신을 가진 사람이다.'

라인하르트 피퍼Reinhard Piper라는 홍보 담당자의 활발한 지지와 격려에도 불구하고 이 연감을 완성시키는 일은 어려운 것이었다. 칸딘스키는 이를 프란츠 마르크에게 다음과 같이 표현했다.

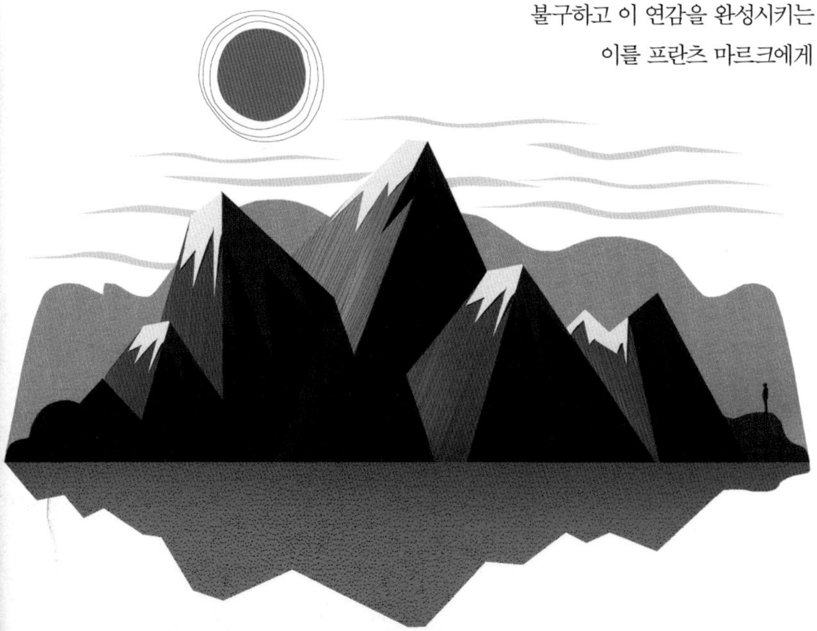

이 상황이 다소 웃기다고 생각하네. 마치… 그러니까 이건 마치 매혹적이고 아주 흥미로운 산을 오르기 바로 전 순간 같은 거지. 산을 올라야 하는데, 꼭대기로 기어서 가야 되고, 모서리를 타야 하는 상황인 거야.

종말

1911년의 여름은 칸딘스키가 무르나우에서 맞는 네 번째 여름이었다. 하지만 이번에 칸딘스키는 홀로 대부분의 시간을 보냈다. 기묘한 계절이었다. 날씨는 의외로 따뜻했다. 매일 화창한 날씨가 이어졌고, 칸딘스키는 대부분의 시간을 정원 일을 하고 과수원을 돌보며 보냈다. 아르놀트 쇤베르크가 쓴 편지를 보면 두 사람의 공통점을 알 수 있다. "네가 '터무니없다'고 표현하는 것을 나는 '예술에서 양심적인 의지를 없애 버린 것'이라고 부른다." 칸딘스키는 그가 '터무니없다'고 표현하는 것을 시와 목판화 작품으로 승화시켰다. 그는 〈소리Klange (Sounds)〉라는 제목의 책을 준비하고 있었는데, 시와 목판화들은 이 책을 위해 만든 것이었다. 1913년에 출판된 이 책은 주제로 보자면 시각에 대한 내용을 담고 있다. 특히 보이는 것과 소멸에 대한 아이디어가 담겨 있다. 칸딘스키는 예술가와 펜의 관계에 대한 농담을 하며, 과거에는 예술가들이 쓴 글이 존경을 받았고 화가들은 '현실적으로 포크가 아닌 붓으로 식사를 한다는 이야기가 돌았다'는 말을 한 적이 있다. 칸딘스키가 쓴 〈소리〉는 굉장한 영향력을 미치게 된다. 다다이즘 예술가Dadaist이자 후에는 초현실주의자Surrealist가 된 한스 아르프Hans (Jean) Arp는 이 책이 처음으로 출판되었을 당시 다음과 같은 말을 남겼다.

> 이 작품들은 외부에 존재하는, 그리고 아직 알려지지 않은 영역의 비밀을 보여준다. 마치 산맥이 말을 하는 것처럼, 강한 형태가 드러난다. 유황과 양귀비꽃이 하늘의 가장자리에 피어난다.

1909년에 칸딘스키는 루돌프 스타이너Rudolph Steiner의 강의에 참석한다. 그는 종말에 대해 이야기했는데, 상징주의자들 역시 같은 주제에 대해 강연한 바 있다. 칸딘스키가 점점 더 불안정해진 것은 이 때문이었을지도 모른다. 혹은 뮌터의 탓이거나, 유럽 전반에 혼란이 커지고 있는 것을 느껴서인지도 모른다. 사실 칸딘스키가 더 불안정해진 이유는 알 수 없다. 그 이유가 무엇이든 간에, 칸딘스키가 1911년부터 1914년에 그린 그림들에는 불안정한 요소가 극명하게 드러나 있다. 〈묵시록의 네 명의 기사Four Horsemen of the Apocalypse〉와 〈구성 VComposition V〉의 주제는 모두 명백하게 종말론적인 내용이다.

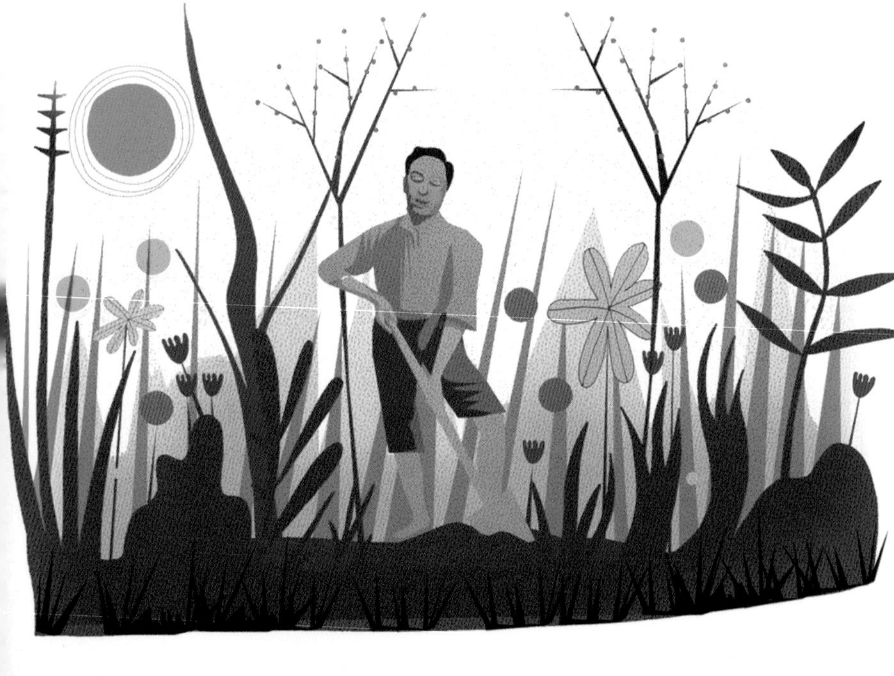

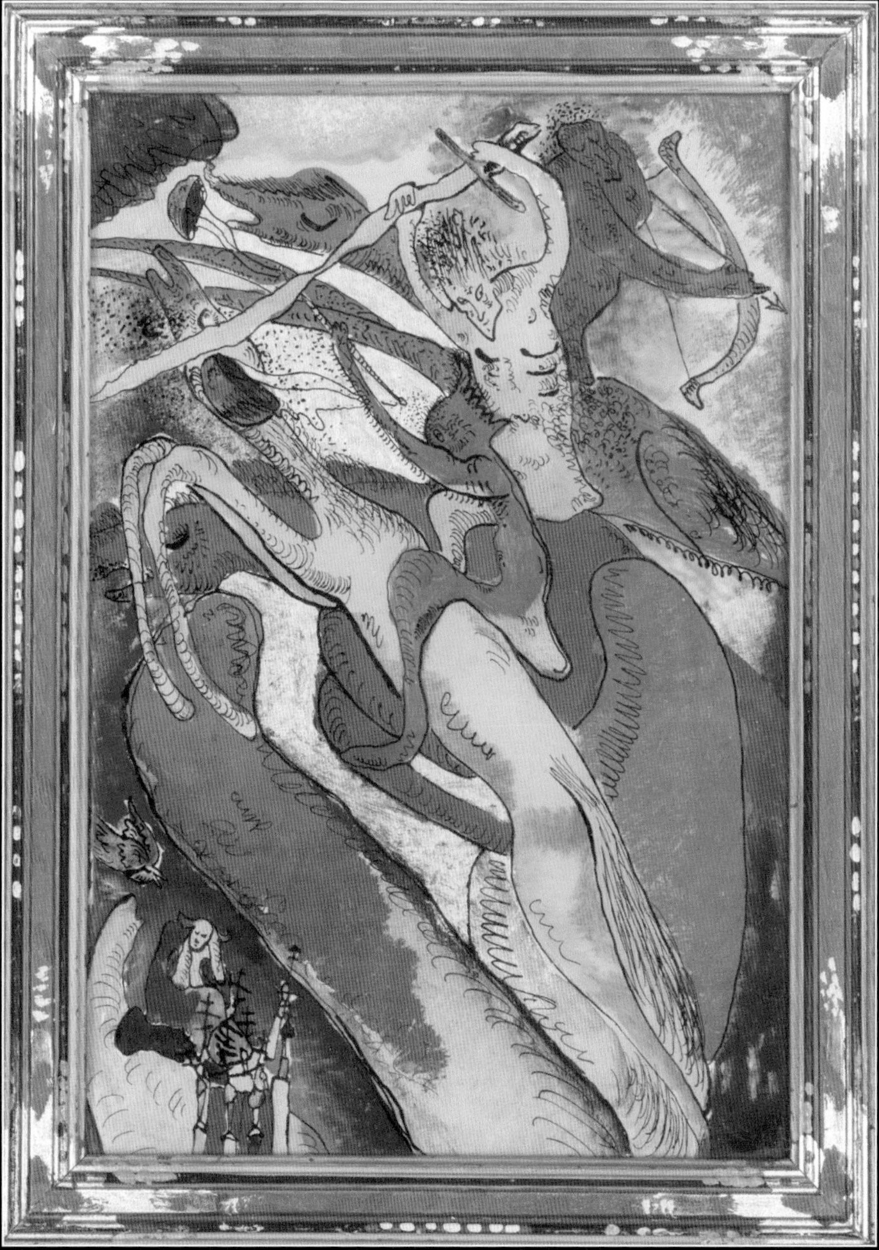

묵시록의 네 명의 기사
Four Horsemen of the Apocalypse

바실리 칸딘스키, 1911

유리에 템페라
29.5 × 20 cm(11½ × 8 in)
렌바흐하우스 미술관, 뮌헨

국경을 넘나들다

1914년 8월 1일, 독일은 러시아를 상대로 전쟁을 선포했다. 칸딘스키는 한시라도 빨리 독일에서 벗어나야 하는 상황에 놓였다. 그리고 그와 뮌터는 중립국인 스위스Switzerland로 거처를 옮겼다. 스위스에서 두 사람은 보덴 호Lake Constance 옆에 위치한 작은 오두막을 빌렸다. 그들은 아무도 만나지 않았고, 마치 충격에 빠져 버린 것처럼 보였다. 11월 초가 되자 칸딘스키는 러시아로 돌아갈 시기라고 생각하게 되었다.

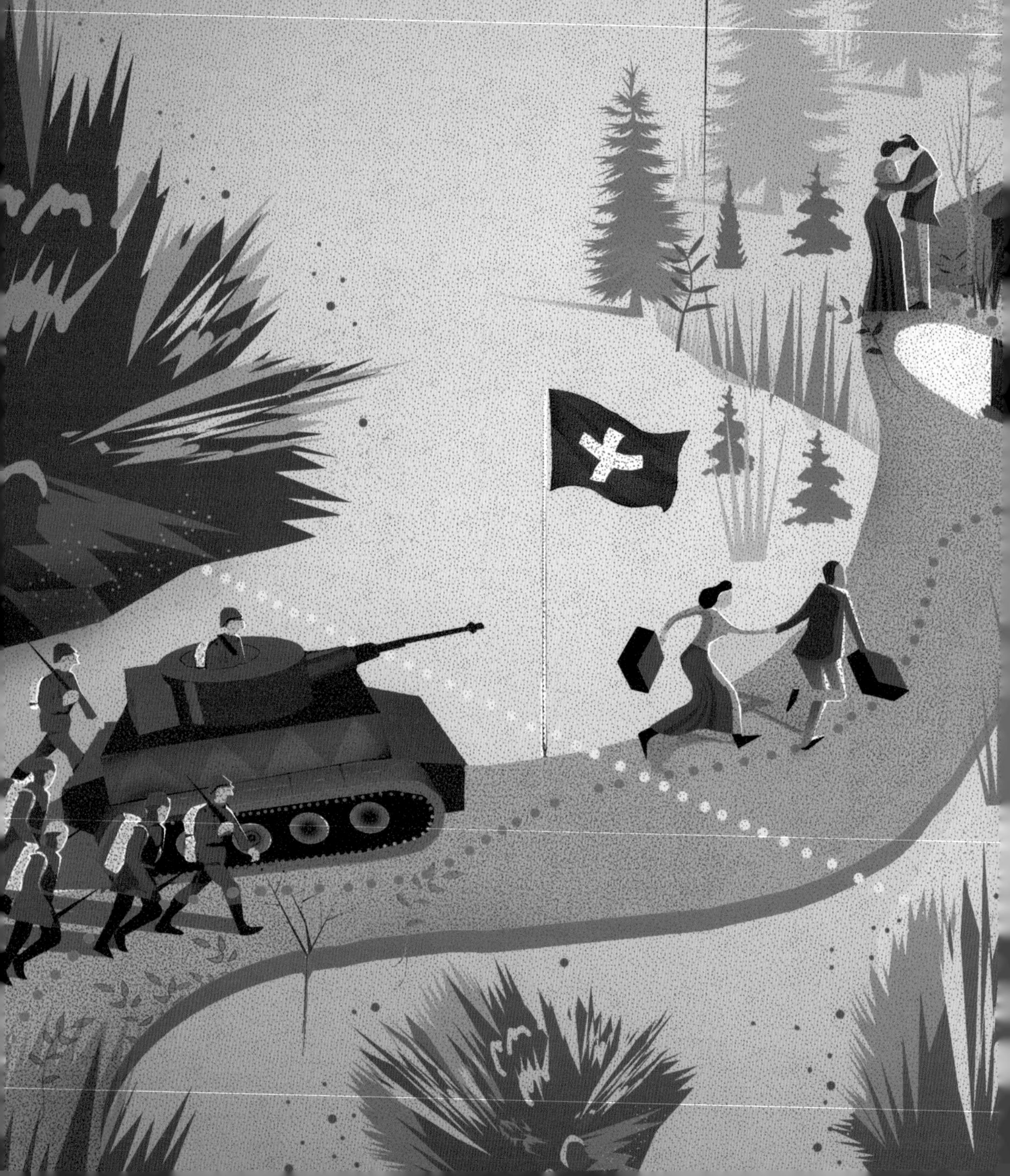

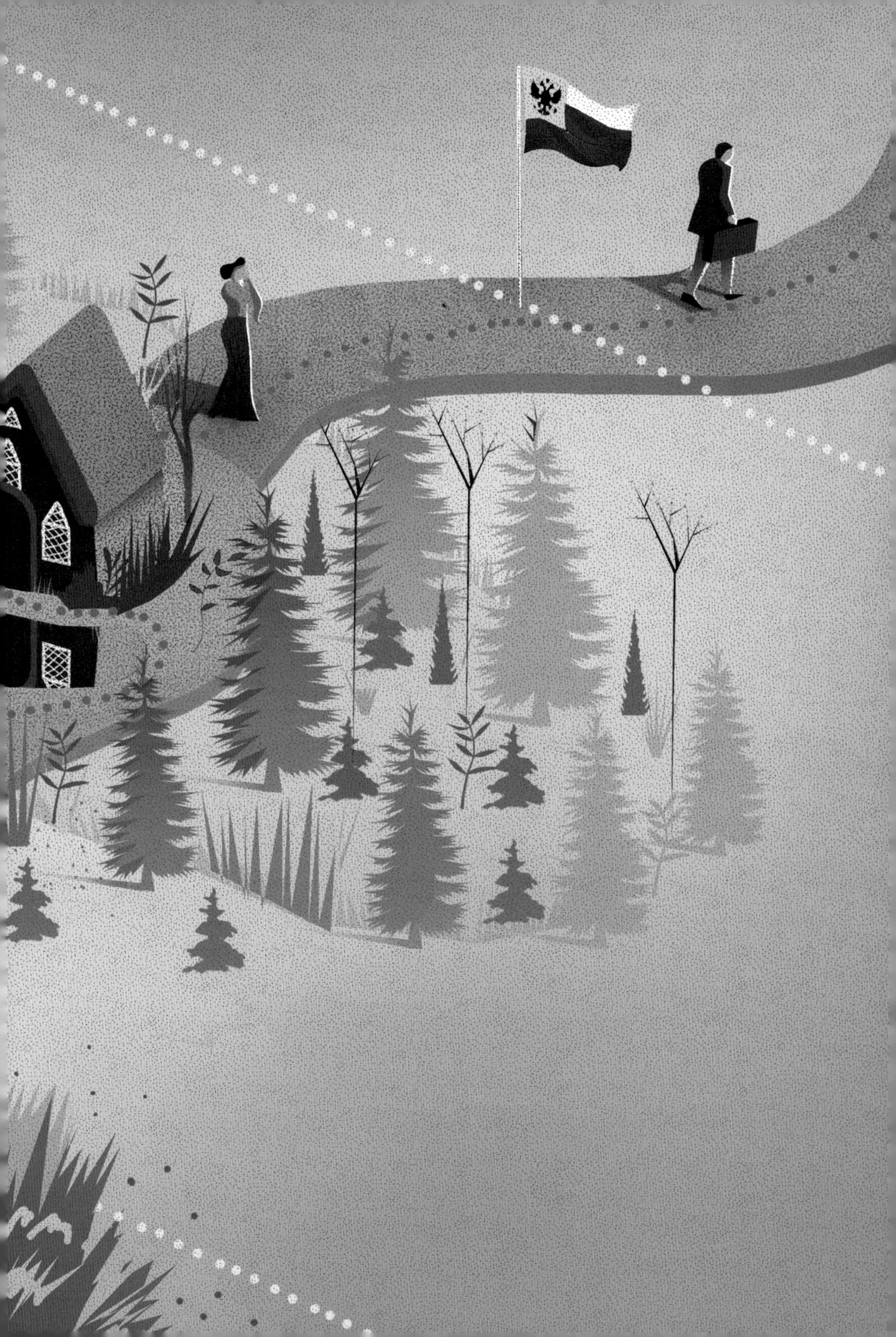

뒤집어진 세상

전쟁은 칸딘스키가 알고 있던 모든 것을 바꾸어 버렸다. 전쟁은 큰 세상만을 변화시킨 것이 아니었다. 칸딘스키의 삶에 존재하는 물리적인 요소와 감정적인 요소가 회복시킬 수 없을 정도로 망가진 것이다. 무르나우에 살았던 칸딘스키는 집, 친구, 대부분의 재산, 방대한 수의 그림 작품들과 자신의 작업 대부분을 뒤로 하고 떠났다. 8월 2일이 되자 칸딘스키는 그를 담당하는 갤러리 관장이자 열렬한 후원자인 헤르바르트 발덴Herwarth Walden에게 다음과 같이 편지를 썼다.

> 나는 마치 꿈에서 쫓겨난 것 같은 느낌이야... 허상에서 나와 버렸어. 이제 시체가 산더미처럼 쌓였고, 끔찍한 고통으로 가득하네. 내부의 문화는 이제 영구적으로 멈추어 버린 거야.

그리고 모스크바에서도 상황은 결코 나아지지 않았다. 오데사에 살고 있던 칸딘스키의 아버지는 경제적으로 악화된 상황을 겪고 있었다. 그리고 그는 러시아에 홀로 남아서 겨우 살아갔다. 1913년에 칸딘스키는 그의 집을 팔고 돌지 거리Dolgy Street에 아파트 단지를 짓기 시작했다. 그는 아파트 중 한 채에 들어가 살게 되었지만, 경제적인 우려는 계속 남았으며 서방 국가들에서 들려오는 소식은 하나같이 부정적이었다. 칸딘스키의 가장 친한 친구들 중 두 명이자 예술가 동지였던 아우구스트 마케와 프란츠 마르크가 전투 중에 전사한 것이다.

1915년에 칸딘스키는 유화 작품을 단 한 점도 그리지 않았다. 그는 예술가의 길을 걷기 시작했던 때부터 큰 유화 작품을 그리는 것을 선호했지만, 그 해는 달랐던 것이다. 그는 1916년까지는 종이에만 그림을 그렸다. 그리고 그 기간 동안 칸딘스키가 채색을 한 작품은 무척 드물었는데, 그 기간이 지나고 1919년까지도 그가 채색을 한 그림 작품들은 극단적인 성향을 띠는 추상화와는 거리가 먼 것들이다. 그 예가 〈모스크바의 붉은 광장Moscow: Red Square〉이다. 이 작품은 〈작은 기쁨Small Pleasures〉이라는 1914년에 완성된 훌륭한 작품에서 모티브를 가져온 것이다. 칸딘스키는 그 모티브를 시적이고 상징적인 방식으로 그려냈는데, 이는 그가 예술가로서 초창기에 동화에서 영감을 받아 작품을 창조한 것과 비슷하다. 〈구성〉 작품들은 전쟁 이전에 완성된 것인데, 강하고 보다 도전적인 이미지다.

칸딘스키는 뮌터에게 다음과 같은 내용의 편지를 썼다. '내가 과거에 공부했던 학문이 가졌던 대단한 능력은 이제 사라지고 없소.' 이제 칸딘스키에게는 최초로, 그리고 그의 일생에서 유일하게, 동화와 모스크바에 대한 그의 시각을 작품을 창조하는 데 사용할 순간이 온다. 전쟁으로 인해서 바깥세상의 공포와 피할 수 없는 가난과 굶주림이 드러났고, 칸딘스키는 이런 요소들을 차단하려는 작품을 창조했다.

자신의 작품 〈작은 기쁨(Small Pleasures)〉 앞에서 포즈를 취한 칸딘스키

가브리엘레 뮌터가 찍은 사진, 1913

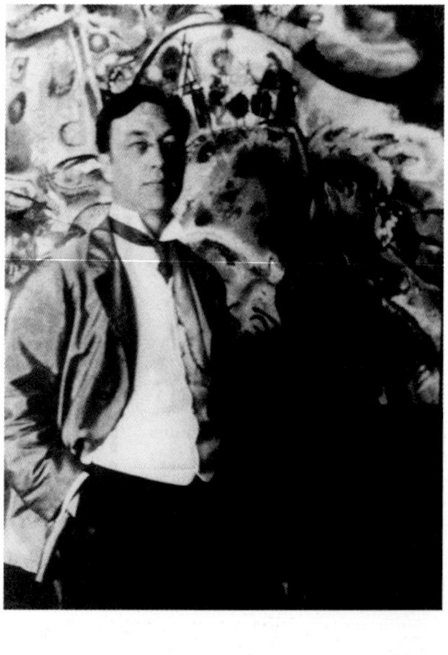

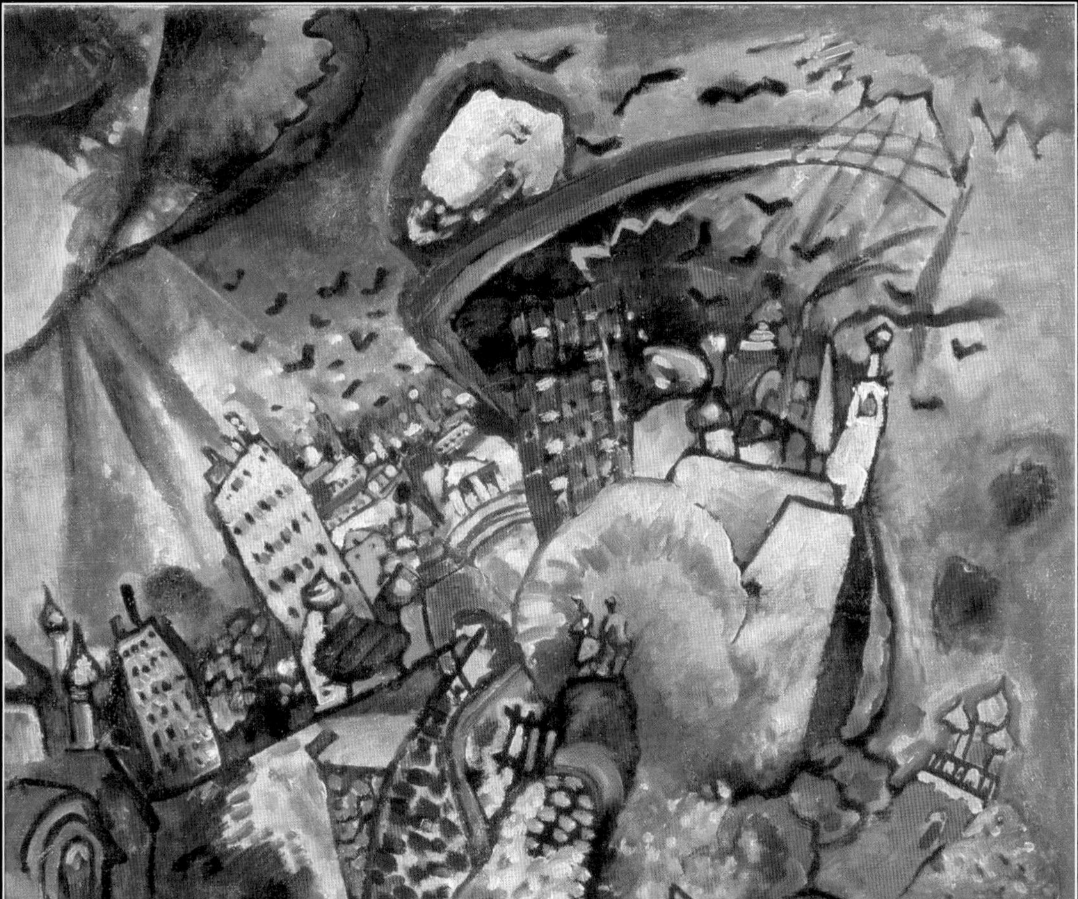

모스크바의 붉은 광장

Moscow: Red Square

바실리 칸딘스키, 1916

캔버스에 유화
51.5 × 49.5 cm(20½ × 19½ in)
트레차코프 국립박물관, 모스크바

결별과 부정

뮌터는 칸딘스키에게 또 다른 걱정거리를 안겨 주었다. 그녀는 그에게 계속해서 편지를 써 댔는데, 이는 칸딘스키에게 물리적이고 물질적인 걱정을 하게 만든다. 뮌터는 칸딘스키가 그녀와 결혼하겠다는 약속을 굳게 믿었고, 지속적으로 그를 졸랐다. 결국 그녀는 칸딘스키가 점점 드물게 편지를 보내자 정신적인 히스테리를 부리기 시작했다. 항상 그렇듯이 칸딘스키는 분노와 죄책감 사이에서 우왕좌왕했다. 1914년 10월 1일, 칸딘스키는 뮌터의 편지가 그의 '마음에 상처를 주었다'고 그녀에게 편지를 썼다. 그리고 그로부터 석 달이 지난 후, 크리스마스 날에 칸딘스키는 또 다른 편지를 그녀에게 썼다. 그 편지에는 '최근에 흰머리가 많아졌소. 여행 때문에 그런 것 같지는 않소. 아마도 내 양심이 나를 괴롭게 만드는 거겠지…' 라고 적혀 있었다.

그럼에도 불구하고 뮌터는 태도를 바꾸지 않았다. 그녀는 러시아에 집을 소유하고 있었고, 그녀 자신도 작품 활동을 통해서 수입을 얻고 있었다. 그렇지만 감정적으로는 버림받았다. 뮌터는 그로부터 두 해 동안이나 애원하는 내용의 편지를 썼지만, 칸딘스키는 그중 대부분에 답장조차 보내지 않았다. 칸딘스키는 불편한 상황을 대면하고 싶지 않았던 것이다. 이렇듯이 그는 전쟁 이전의 삶에 대해서는 생각조차 할 수 없었던 것으로 보인다.

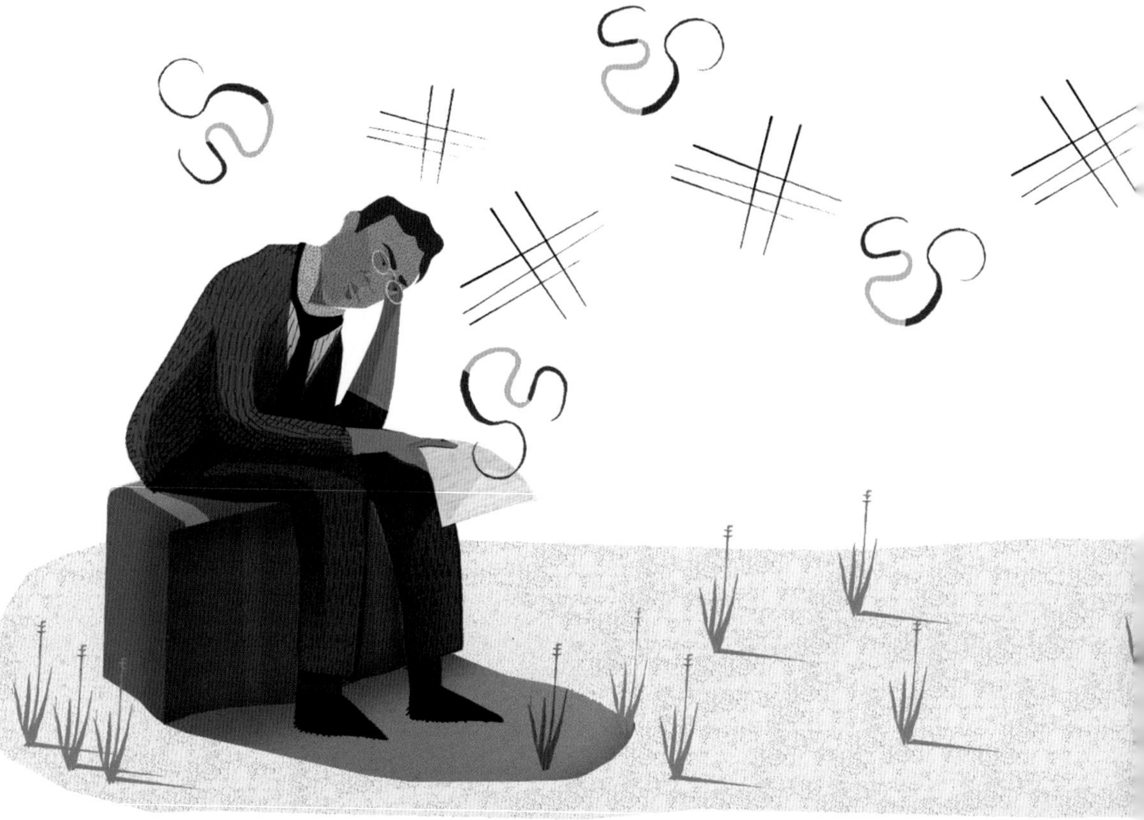

스웨덴에서의 마지막 결단

결국 1916년에 칸딘스키는 뮌터와 만나기로 약속을 잡았다. 그들은 스웨덴에서 만났는데, 당시 뮌터는 스톡홀름Stockholm에서 두 사람의 작품을 소개하는 전시회를 기획하고 있었다. 칸딘스키는 이때 그녀에게 다소 누그러진 어투로 그녀를 달랜 것 같다. 미래에 대해 긍정적으로 이야기하며 결혼을 하기 위해 서류를 준비하겠다고 약속까지 한 것이다. 칸딘스키가 한 행동은 끔찍하고 잔인한 실수였다. 뮌터는 칸딘스키를 철석 같이 믿었지만, 다시 한 번 칸딘스키가 편지에 아무런 답장을 보내지 않았고 그녀는 충격을 받고 슬픔에 빠진 것이다. 하지만 이 시기는 두 사람 사이에 존재했던 마지막 침묵이었다. 뮌터에게서 칸딘스키는 자신의 존재를 지워 버렸다. 그는 편지에 아무런 답장도 하지 않았고, 개인적으로 연락을 취하지도 않았으며, 스스로의 행동에 대한 설명을 할 노력도 하지 않았다. 두 사람은 다시는 만나지 않았다.

칸딘스키가 뮌터에게 여지를 준 이유가 무엇인지는 확실하지 않다. 그가 단순히 겁을 먹어서 그랬던 것인지, 아니면 두 사람의 관계에 희망을 마지막으로 느껴서 그랬던 것인지 모른다. 가장 유력한 가설은 이 두 가지를 혼합시킨 것이다. 하지만 칸딘스키의 결정은 뮌터에게 아무런 위안도 주지 못했다. 그녀는 칸딘스키가 자신을 버렸다는 사실을 빠르게 알아차렸다. 하지만 그를 용서하는 데는 훨씬 더 오랜 시간이 걸리게 된다. 뮌터는 그녀의 관점에서 칸딘스키에게 '삶이고 집이었던 환경'을 비난한다. 그리고 그녀는 자신이 한 희생에 도리어 벌을 받았다고 믿게 된다. 그녀가 실망감에서 회복하기까지는 오랜 시간이 걸렸지만, 그녀는 말년에 동정심을 갖게 되고 다음과 같이 말했다. '칸딘스키는 이상주의자였고, 불명예스러운 일을 저지르고 싶지 않았을 것이다... 그러다가 그는 실패한 것이다. 그리고 나 역시 실패한 것은 마찬가지다. 그래서 우리가 결국 함께할 수 없었다.'

1921년이 되자 칸딘스키는 독일로 돌아갔다. 그의 변호사들은 뮌터에게 연락을 취해서 칸딘스키의 소지품 및 그림들을 돌려달라고 요청했다. 그녀는 일부만 돌려주고, 대부분은 주지 않았다. 그러면서 그녀는 그것들이 '정신적인 피해 보상금'이라고 주장했다. 그 결과 칸딘스키는 자신이 1908년부터 1914년 사이에 그린 수작들을 두 번 다시 볼 수 없게 되었다.

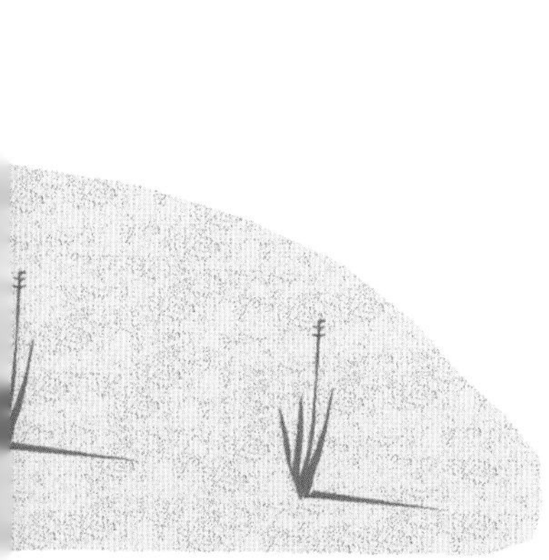

다시 러시아로

뮌터와는 다르게, 칸딘스키는 다소 간편하게 감정적 연결고리를 끊은 것으로 보인다. 1916년 3월, 그는 모스크바로 다시 돌아온다. 그로부터 여섯 달이 지나고, 9월에 그는 한 젊은 여성과 전화 통화를 한 후에 그녀와 사랑에 빠졌다. 그는 곧장 그림을 그린다. 이때 완성한 작품이 〈내가 알지 못하는 당신에게To the Unknown Voice〉인데, 이는 그 전화 통화의 주인공인 니나Nina Andreevskaja를 위해 그린 것이다. 칸딘스키는 니나를 만나러 현재의 푸시킨 미술관Pushkin Museum이자 그 당시의 알렉산더 3세 미술관Alexander III Museum 으로 향했다. 이 순간은 칸딘스키가 그림의 한계를 벗어나서 용기 있게 다시 작품 활동에 임할 수 있도록 만들어 줬다. 그리고 칸딘스키는 니나와 1917년 2월 결혼했다.

니나는 칸딘스키보다 서른 살도 더 아래였다. 게다가 칸딘스키와 결혼할 당시 그녀는 십대 소녀였다. 결혼식에서 그녀는 칸딘스키가 직접 디자인한 드레스를 입었다고 한다. 그녀는 여러 가지 면에서 뮌터와는 정반대의 여성이었다. 자기 주장이 강하고, 매혹적이며, 경박하고, 다소 멍청하기까지 했다.

두 사람의 결혼은 칸딘스키의 삶에서 가장 놀라운 요소인지도 모른다. 이 부부를 만나본 사람들은 니나의 매력과 그녀의 피상적인 성격을 보고 놀랐다. 그러나 두 사람의 결혼 생활은 화목하고 그들은 사이가 좋았다. 칸딘스키가 27년 후 세상을 떠나기 전까지 그들은 결혼 생활을 지속했다. 하지만 니나의 도움에도 불구하고 칸딘스키의 삶은 안정을 찾지 못했다. 니나와는 아무런 상관이 없는 일이었던 것이다. 타이밍이 큰 요소였다. 1917년에 러시아에서 혁명이 일어났다.

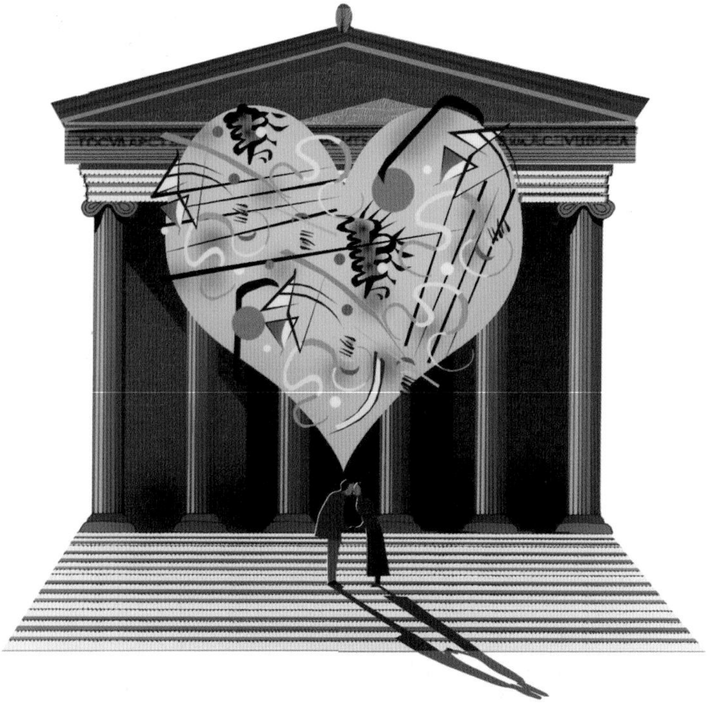

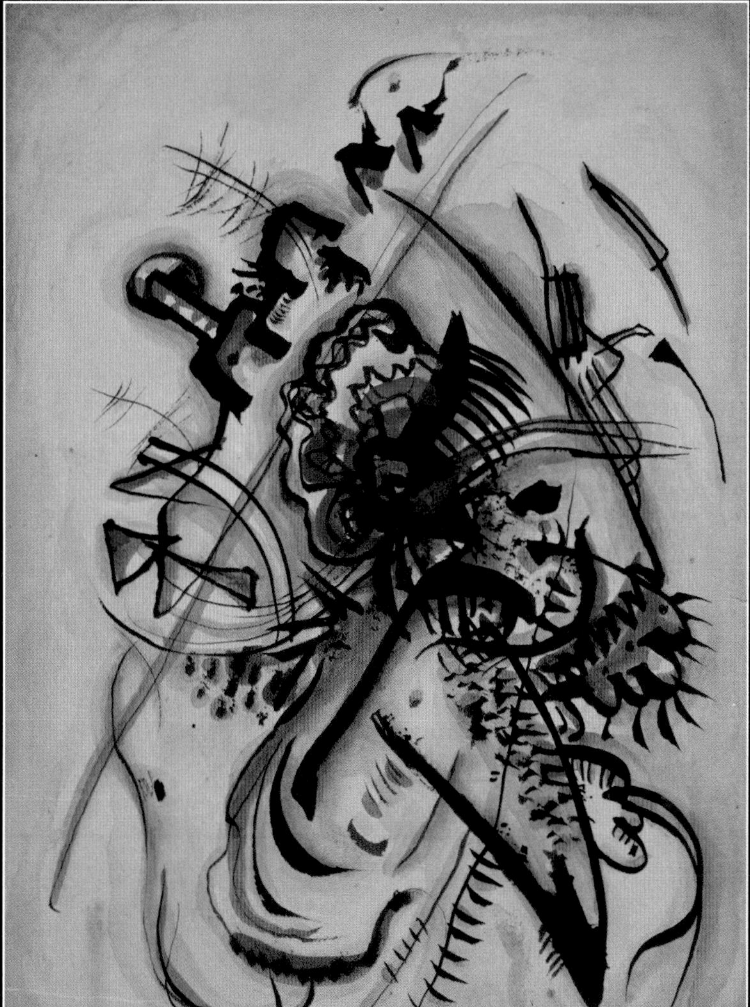

내가 알지 못하는 당신에게
To the Unknown Voice

바실리 칸딘스키, 1916

공산주의

칸딘스키는 그가 '혁명을 창문 밖으로 내다보았다'고 적었다. 그럼에도 불구하고 그의 삶은 크게 방해를 받지 않았다. 최소한 처음에는 말이다. 칸딘스키는 사회적인 변화를 지지했으며 그의 작품이 이를 위한 윤리적인 도구라고 생각했다. 그는 볼셰비키Bolshevik가 주장하는 공산주의 사상을 잘 받아들일 만한 인물이었다. 칸딘스키는 유토피아를 지지하고, 팔랑크스의 지도자로 유명했으며, 〈청기사Der Blaue Reiter〉와 〈예술의 영혼에 대하여Concerning the Spiritual in Art〉의 작가였기 때문에 새로운 세상의 질서에서 유명한 인물이 되었다. 그는 1918년과 1922년 사이에 22개의 박물관을 설립해서 다수의 강연을 하고, 논문을 집필하며 국가가 주최하는 전시회에 작품들을 내놓는다. 하지만 사회를 위해 만들어진 예술이라는 것은 얼마 지나지 않아서 논쟁거리가 되었다.

혁명 이전에는 절대주의Suprematism가 주를 이루었다. 유명한 절대주의자 중 하나가 바로 카지미르 말레비치Kasimir Malevich인데, 그는 기하학적인 형태를 사용해서 순수한 형식의 추상 예술을 창조한 인물이다. 그런데 절대주의자들의 발상은 새로운 움직임으로 인해서 방해를 받게 되고, 이 새로운 움직임이 바로 구성주의Constructivism다. 구성주의는 1920년부터 1922년까지 지속된 논의를 토대로 창조되었는데, 순수 추상주의를 거부하고 더욱 '관계있는relevant' 그리고 실용적인 예술 작품을 감정 이입 없이 만들어야 한다고 주장하는 이론이다.

구성주의자들은 주로 젊은이들이었다. 그중 많은 이들은 이전부터 칸딘스키와 그의 이론을 크게 우러러본 자들이었다. 칸딘스키는 심지어 두 명의 구성주의자들과 함께 살았던 적도 있었다. 그 두 사람이 바로 알렉산더 로드첸코Alexander Rodchenko와 바바라 스테파노바Varvara Stepanova다. 칸딘스키는 모스크바 예술 문화 기관Institute of Artistic Culture INKhUK에 전시회를 기획해서 그 두 사람의 작품과 자신의 작품을 나란히 전시해 두기도 했다. 하지만 그들의 이런 우정마저도 칸딘스키가 더욱 더 역행하고 심지어 관련이 없는 주제에 신비주의를 품는 것을 막을 수 없었다. 사람들은 점점 칸딘스키의 예술 활동을 비난하기 시작했고, 공공연히 그의 작품들을 '마구잡이인 데다가 개인에 치중한' 것이라고 비난하기까지 했다.

항상 그렇듯이, 칸딘스키는 이런 비판을 무시했다. 1920년이 되자 칸딘스키는 직관, 주관, 그리고 오컬트 과학을 중시하던 모스크바 예술 문화 기관을 위해서 한 프로그램을 제작했다. 이는 조각가인 알렉세이 바비체브Aleksei Babichev로부터 훼방을 받게 되는데, 그는 정반대에 중점을 두는 프로그램을 기획한다. 정확한 분석, 그리고 물질의 정리에 중점을 둔 것이 알렉세이 바비체브의 프로그램이었다. 결국 두 사람의 제안이 모두 거부당했다. 그렇지만 이 다툼은 여기서 끝나지 않고 러시아의 아방가르드 세계에서 더욱 큰 불만을 야기하게 되었다.

1921년 1월, 문제가 정점에 다다르게 되었다. 칸딘스키는 공적으로 모스크바 예술 문화 기관에서 사퇴하겠다고 밝혔다. 도저히 차이점을 좁힐 수 없다는 것이 이유였다. 칸딘스키는 '더 이상 단체의 구성원으로 남을 수 없다'고 판단했던 것이다.

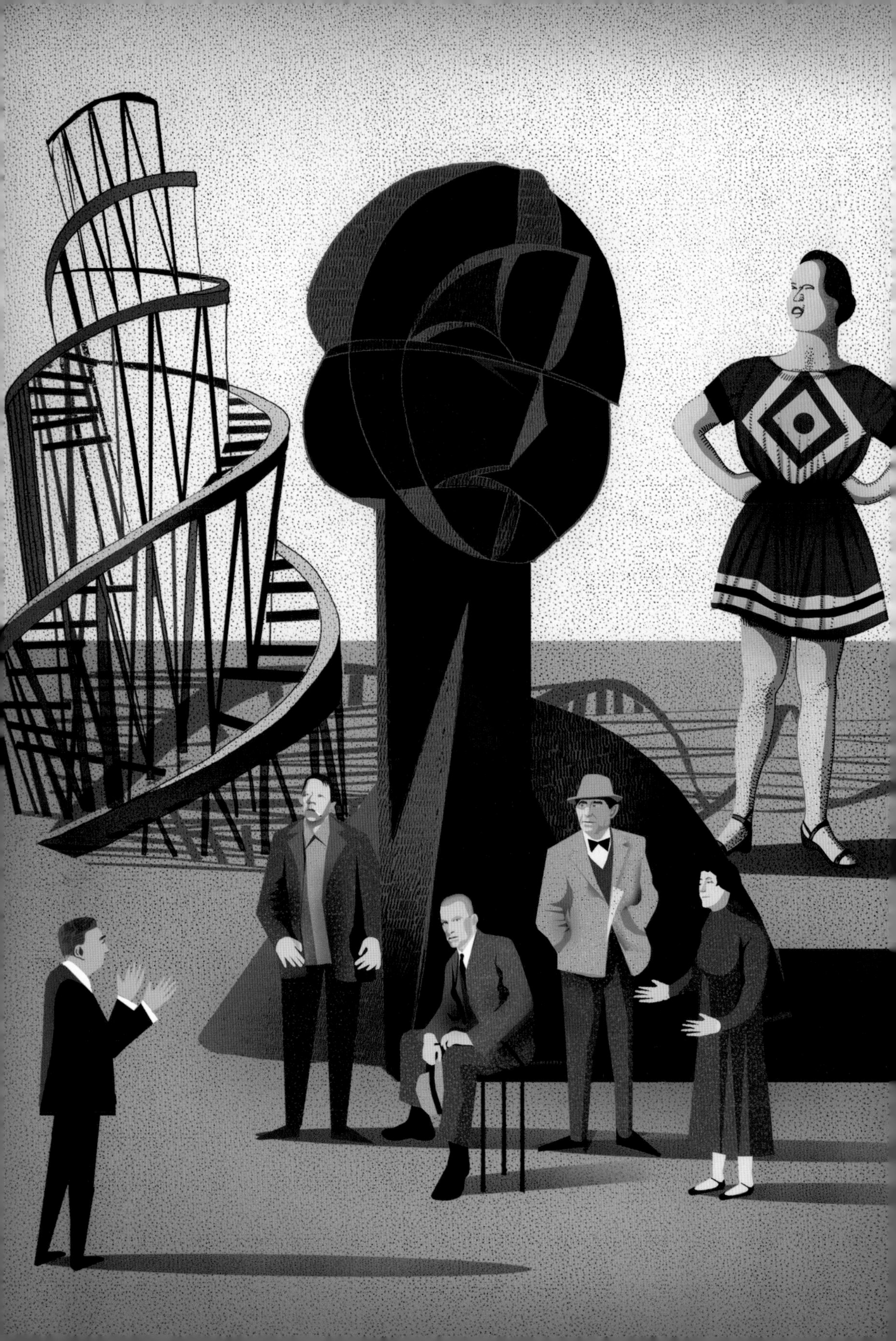

적개심이 가진 이점

칸딘스키는 구성주의자들로부터 외면을 받았지만, 그렇다고 그 기간 동안 불행했던 것은 결코 아니다. 그는 사랑에 빠져 있었으며, 1917년에는 아들을 얻는다. 이로 인해서 칸딘스키는 긍정적인 정신과 유머 감각을 잃지 않았으며, 이는 그의 1920년에 완성된 작품인 〈붉은 타원Red Oval〉에 드러나 있다. 비록 칸딘스키는 차후에도 논쟁을 벌이긴 하지만, 그보다 더 나이가 어린 러시아 동포들의 사상을 받아들이게 된다. 그는 러시아의 젊은 세대들과 논쟁을 했음에도 불구하고 그와 공감하는 절대주의자들과 또 그에 반대하는 구성주의자들에게서 배움을 얻은 것이다. 이를 보면 칸딘스키의 성향을 알 수 있다. 〈붉은 타원Red Oval〉의 구성은 황색 사다리꼴에 크게 의지하는데, 이는 곧 절대주의의 상징이다. 강렬한 선과 후퇴성으로 인해서 작품 속 기하학적 형태는 무너져 있다. 칸딘스키와 그의 동포들의 작품에는 시각적인 연결 고리가 존재한다. 열렬한 구성주의자였던 라슬로 모홀리 나기László Moholy-Nagy의 작품과 그를 비교한 것을 보면 이해할 수 있다.

칸딘스키는 그가 주장했던 '그림으로 만들어진 언어'와 진실을 향한 갈망에 둔 중심 가치를 결코 저버리지 않았다. 하지만 이 시기부터 그의 그림들은 더 절제되어 있고, 이전보다 덜 즉흥적인 장면을 담았다.

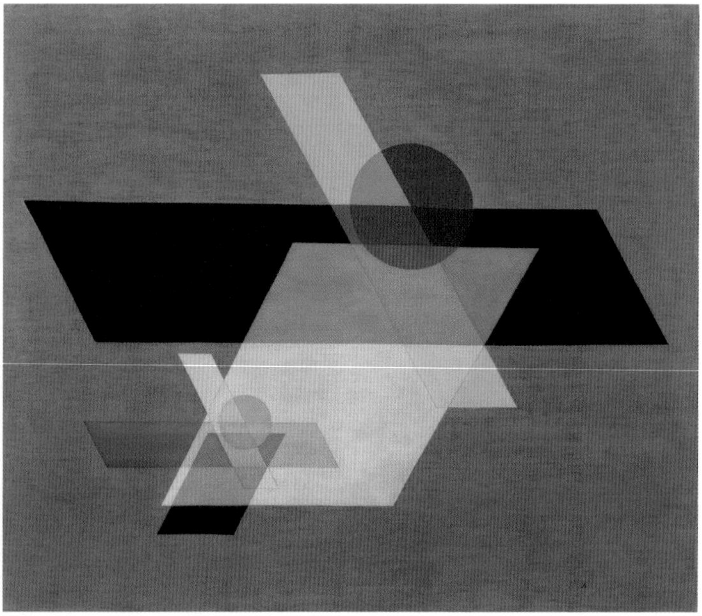

시카고 A II
Chicago A II

라슬로 모홀리 나기, 1924

캔버스에 유화
115.8 × 136.5 cm(45½ × 53½ in)
솔로몬 R. 구겐하임 미술관, 뉴욕

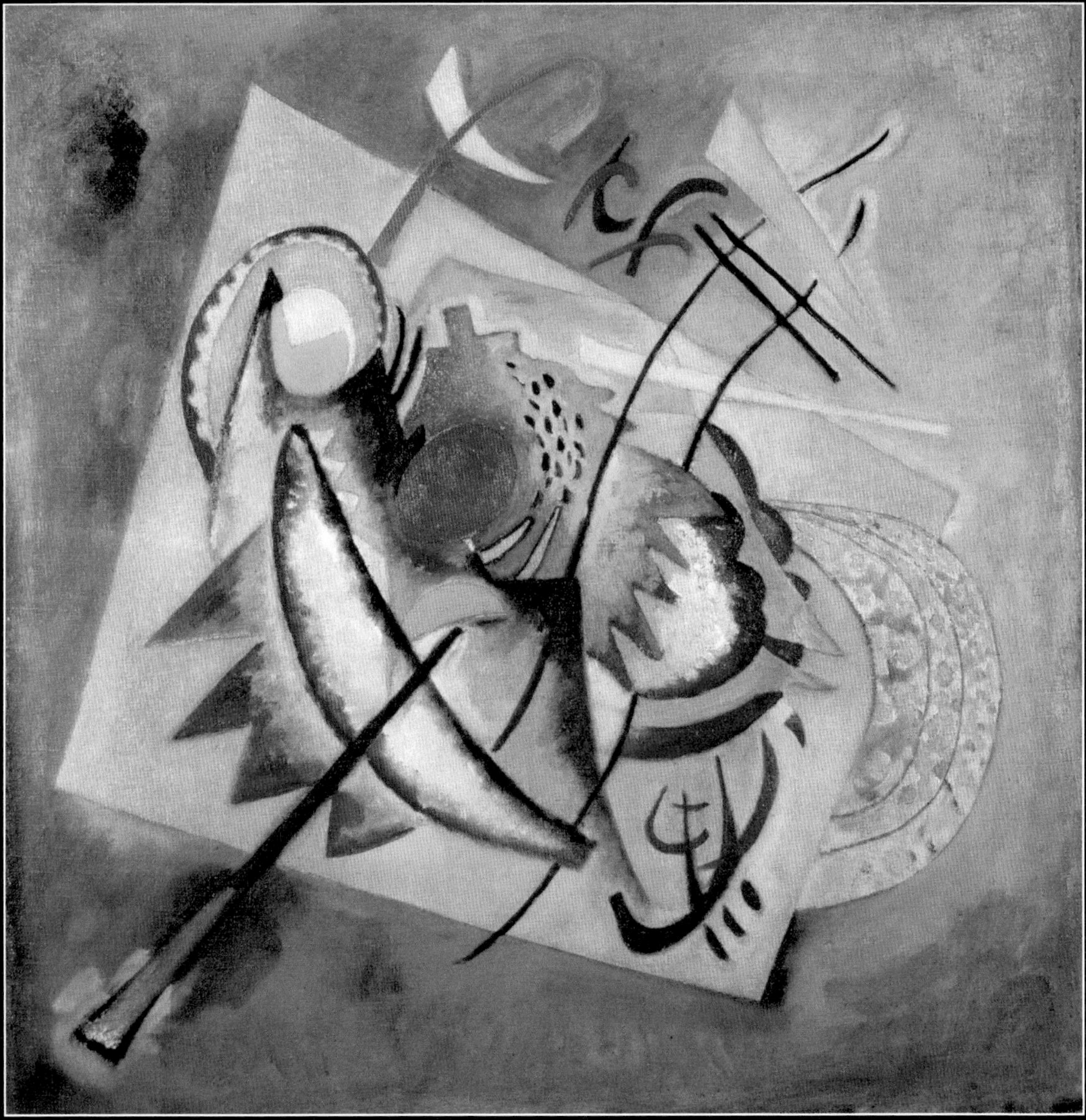

붉은 타원

Red Oval

바실리 칸딘스키, 1920

캔버스에 유화
71.5 × 71.2 cm(28 × 28 in)
솔로몬 R. 구겐하임 미술관, 뉴욕

마지막으로 러시아를 떠나다

칸딘스키는 일을 제외한 다른 부분에서 더한 어려움을 겪었다. 더 이상은 러시아에서 지내기가 힘들어진 것이다. 볼셰비키로 인해서 내전이 발발했고, 먹을 것과 돈이 굉장히 부족하게 되었다. 1921년 봄, 러시아 대기근the great Russian famine은 아직 본격적으로 시작되지 않았다. 하지만 칸딘스키는 1920년 6월에 아들을 잃었다. 그 당시 세 살이었던 아이는 영양실조로 인한 위장염으로 사망했다고 한다. 니나와 칸딘스키는 그 아픔을 묵묵히 견뎌냈다. 그들은 매년 죽은 아이의 묘지에 방문했지만, 그들의 가장 친밀한 친구들조차도 그 아이가 존재했다는 사실을 알지 못했다.

이 시점에 관료주의가 삶의 큰 부분을 차지하게 된다. 사상의 힘이 러시아를 덮쳤으며, 모스크바는 칸딘스키의 눈앞에서 멸망하고 있었다. 아들의 죽음, 그리고 모스크바 예술 문화 기관에서의 사퇴는 칸딘스키를 포기하게 만들었다. 칸딘스키와 니나는 '여행 허가a travel permit'를 신청해서 독일로 연구하러 가기로 했다. 그들은 석 달 동안의 허가를 받고, 12점의 그림과 몇 가지의 짐을 챙겨서는 떠나 버렸다. 두 사람은 돌아오지 않았고, 러시아 시민권을 잃게 된다. 칸딘스키는 또 다시 추방된 셈이었다.

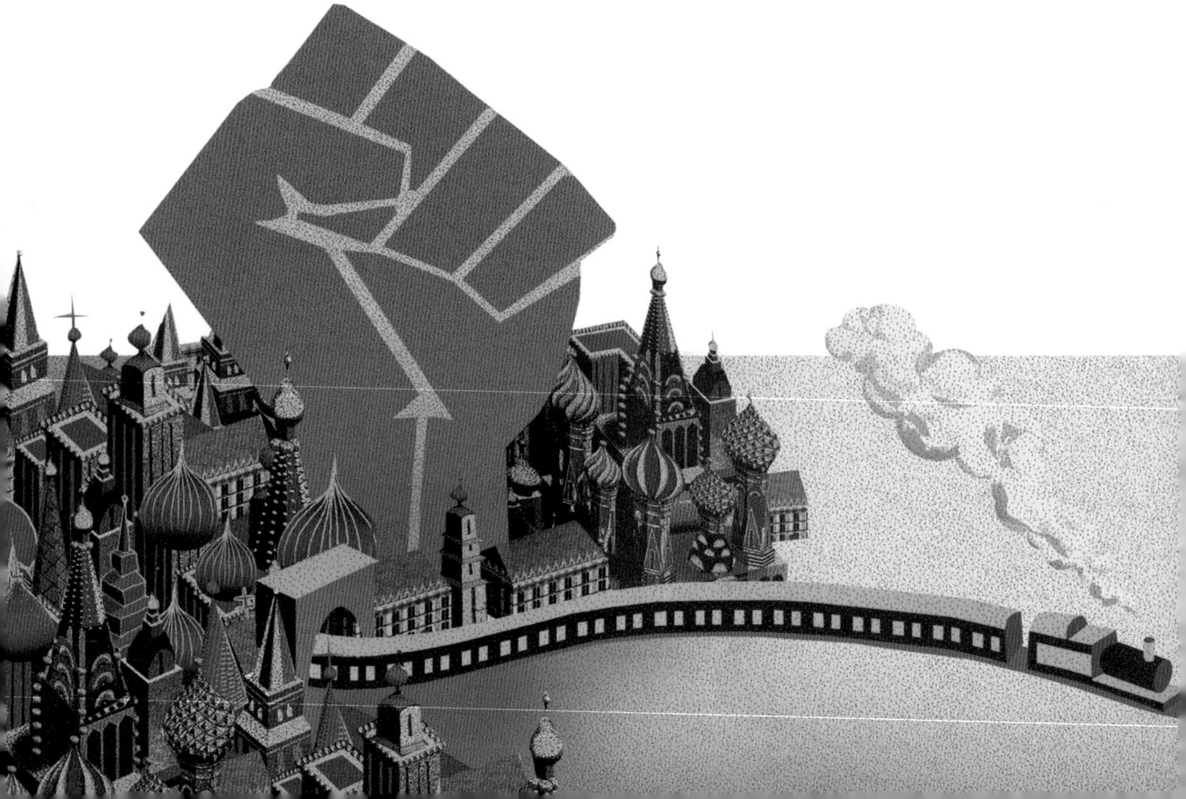

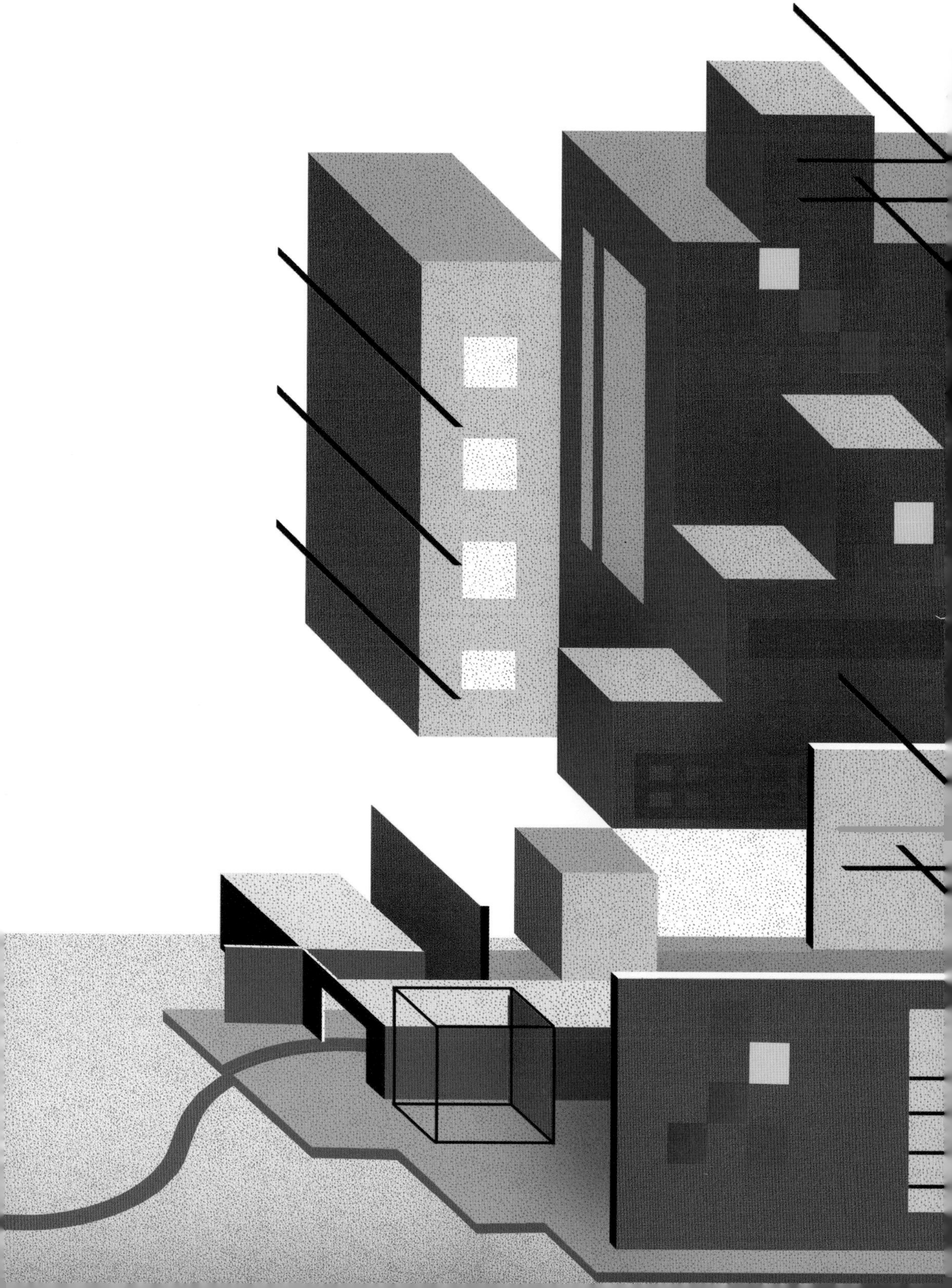

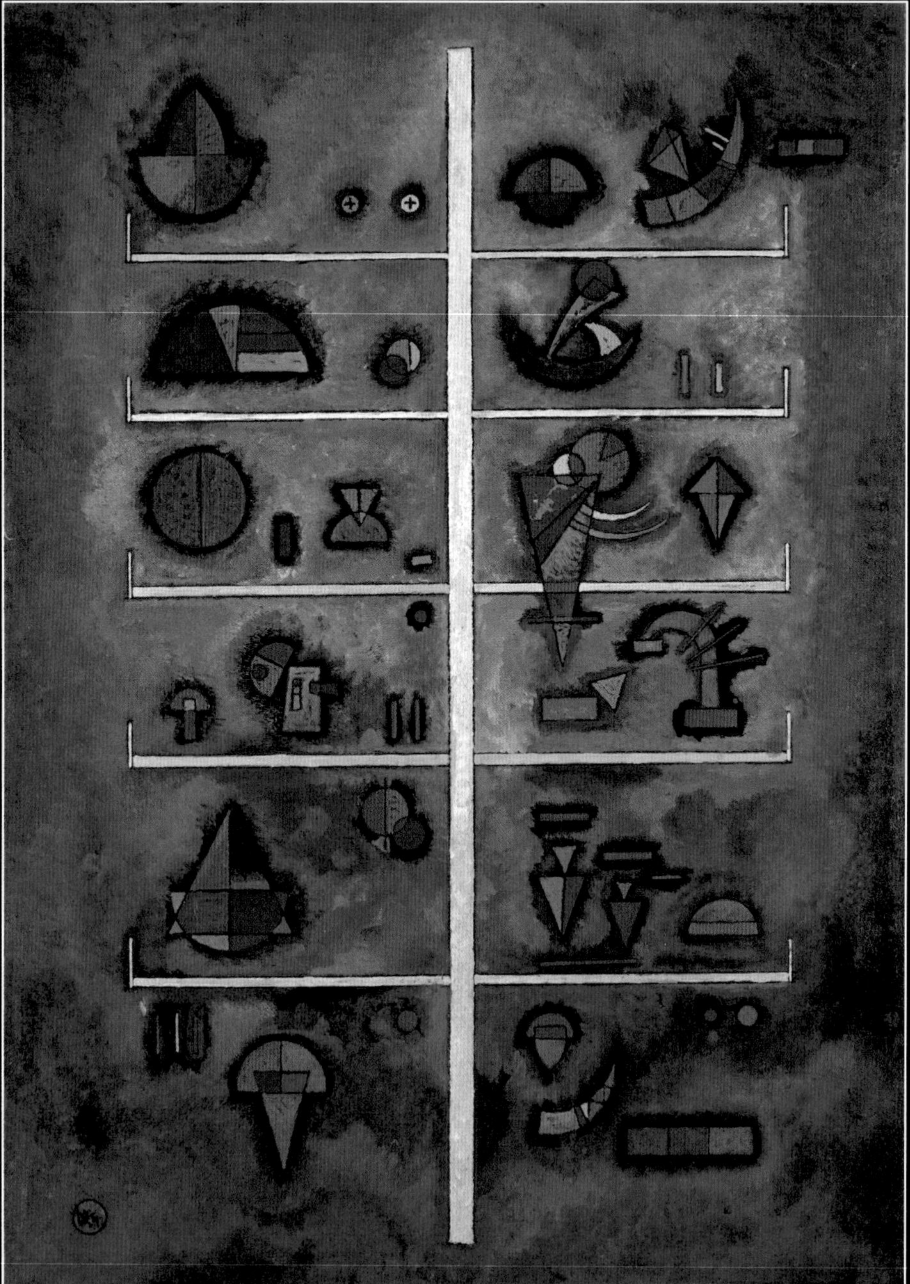

단계

Levels

바실리 칸딘스키, 1929

카드보드에 유화
56.6 × 40.6 cm(22 × 16 in)
솔로몬 R. 구겐하임 미술관, 뉴욕

예상치 못한 안정

칸딘스키가 베를린에 도착했을 때, 그는 독일에 그가 남겨 둔 자산이 우표 값어치도 하지 못한다는 사실을 깨달았다. 그리고 그의 주급은 역에서 호텔로 가는 기차표를 구매하기도 모자랐다. 파울 클레는 300킬로미터나 떨어진 그 당시에 독일의 수도였던 바이마르Weimar에 살고 있었는데, 자금이 부족했지만 급진적인 사상을 가진 예술 및 디자인 학교에서 교사직을 맡고 있었다. 바로 바우하우스Bauhaus 학교다. 그 당시, 파울 클레 외에 칸딘스키의 친구들은 모두 떠나거나 사망한 뒤였다. 뮌터는 칸딘스키에게 그림 작품들을 돌려주지 않았고, 칸딘스키가 갤러리에 남겨 둔 그림들은 두 점을 빼고는 팔린 상태였다. 게다가 칸딘스키는 그 돈을 전부 다 써버렸다. 도착하고 몇 주 동안, 먹을 것을 사기 위해서 니나가 그녀의 금목걸이를 떼어 팔기까지 했다.

두 사람을 구해준 것은 파울 클레였다. 바우하우스의 교장이었던 발터 그로피우스Walter Gropius의 명령에 따라 그는 칸딘스키에게 벽화 그리는 과의 학과장으로 일하도록 권한다. 칸딘스키는 평생 동안 벽화작업을 해 본 적이 없었기 때문에 우려했다. 하지만 파울 클레는 경험의 유무는 중요치 않다고 재차 일을 권했고, 칸딘스키는 학과장 직을 맡게 되었다.

칸딘스키가 바이마르에 도착하자 파울 클레는 그와 술을 마시러 갔다. 하지만 두 사람은 곧 커피를 살 돈조차 없다는 사실을 깨달았다. 그 상황에 그들은 동시에 웃음을 터뜨렸다. 이 사건을 기점으로 두 사람 사이에 우정이 싹트기 시작했다. 두 사람의 우정은 아주 이상한 것이었는데, 둘 다 감정을 털어놓을 절친한 친구를 원하지도 필요로 하지도 않았다. 그들은 스스로를 절제했고, 스스로를 방어하는 자세를 잃지 않았다. 그들의 우정은 예술과 예술을 가르치는 것에 대한 공통된 관심사를 중심으로 자라났다. 그로부터 몇 해 동안, 두 사람은 서로를 지지하고 격려해서 굉장히 다른 종류의 미학적, 그리고 교육학적 이론을 이룩해 나간다. 비록 칸딘스키가 지도하는 역할을 맡긴 했지만, 두 사람은 서로에게 쌍방향적인 영향을 주었다. 그리고 파울 클레가 칸딘스키에게 준 영향은 칸딘스키의 1929년 작품인 〈단계Levels〉를 보면 분명하게 알 수 있다. 칸딘스키와 파울 클레의 우정은 하나의 사례일 뿐이었다. 그 당시 바우하우스에서는 동지애와 자유가 널리 퍼져 있었다. 그리고 놀랍지 않은 사실은 이 시기에 칸딘스키가 다시 삶의 만족을 얻었다는 것이다. 1922년이 되자 그는 그의 꿈이 이루어졌다고 믿었다. 그는 다음과 같이 선언한다. '위대한 영혼the Great Spiritual의 시대가 시작되었다!'

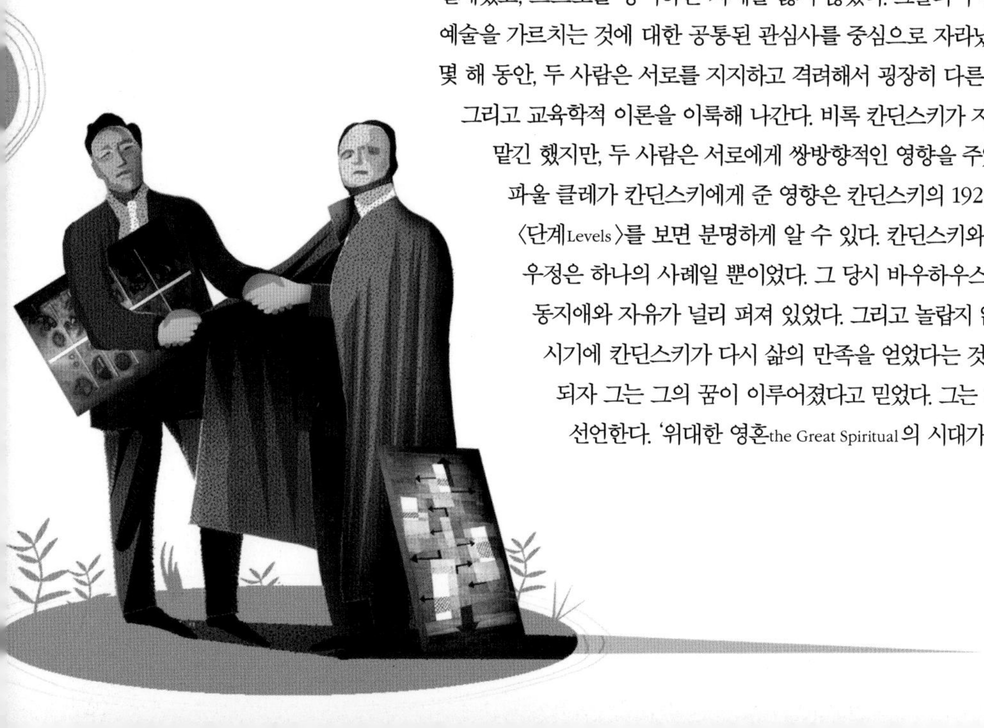

바우하우스의 시대

칸딘스키는 그의 꿈이 이루어졌다고 믿었지만, 이것은 그가 현실을 보지 않았기에 그런 말을 한 것이다. 경제 불황 및 정치적 갈등이 심각한 가운데 바우하우스를 성공적으로 운영한다는 것은 어려운 과업이었다. 사실, 1925년에 바우하우스는 그 지역의 우파 정부로부터 데사우Dessau로 위치를 옮기라는 압박을 받았다. 게다가 그들에게 주어지는 자금도 절반으로 동강났다.

하지만 바우하우스는 여전히 열정으로 가득했다. 데사우에서도 그들의 노력은 지속되었다. 파울 클레와 칸딘스키의 가정은 발터 그로피우스가 설계한 집에서 행복하게 살았다. 니나는 바우하우스에 대해 다음과 같은 총체적인 평을 내렸다. '그렇게 재미있는 곳인데, 어떻게 성공한 것이 아니라고 말할 수 있겠어요?'

바우하우스의 교사와 학생들 중에서 칸딘스키는 유별난 존재였다. 그는 보헤미안 식의 삶을 여전히 완강하게 거부했다. 그렇게 그는 정장을 입고 매일 출근했고, 아무리 자유롭게 의복을 입어도 보타이를 매고 재킷을 입었다.

칸딘스키가 가르치는 학생들은 그를 존경했다. 샤먼이나 예언자들에게 할 법한 존경을 그에게 표했다. 그들은 칸딘스키가 대단하고 위엄이 있으며 열정적인 사람이라고 반복해서 표현했다. 바우하우스의 다른 교사들과는 다르게 칸딘스키는 학생들의 친구가 되지 않았다. 그는 학생들에게서 멀리 떨어져서 체계적인 자세를 취했고, 그와 동시에 영감이 되는 교사였다. 그의 학생 중 하나는 칸딘스키에 대해서 다음과 같이 표현했다. '칸딘스키 선생님은 추측을 하시지 않습니다. 다만 선언을 하실 뿐이지요.'

그의 동료들 중 많은 이들은 칸딘스키가 불가사의한 인물이라고 평했다. 그는 보는 눈이 명확하고 공정한 사람이었으며, 항상 논쟁이나 말싸움이 있을 때 찾게 되는 인물이었다. 하지만 칸딘스키가 과거 일을 이야기하는 것은 드물었다. 심지어 파울 클레와 그의 부인 릴리Lily Stumpf도 뮌터에 대해서 거의 알지 못했다. 칸딘스키의 죽은 아들에 대해서는 더욱이 아는 것이 없었다고 한다. 칸딘스키와 다른 사람들의 관계는 마치 사람과 촛불의 관계와도 같았다. 그는 다른 사람들의 넋을 빼놓았지만, 결코 가까워지지는 않았던 것이다. 그의 동료 교사 중 하나였던 게오르그 무헤Georg Muche는 다음과 같이 말했다. '칸딘스키는 마치 일곱 개의 조끼를 껴입은 것처럼, 자신과 관계없는 일과는 거리를 두는 사람입니다.'

비록 칸딘스키의 발상은 진보적으로 형태를 이루었고, 그의 교육 방식에는 새롭고 튀며 파격적인 요소가 있었지만, 바우하우스의 파티에서만큼은 다른 모습이었다. 바우하우스에서 유명한 가장무도회가 열리면 다른 사람들은 독특하고 튀는 옷을 입었지만, 칸딘스키는 아무리 파격적인 옷을 입어도 바이에른 양식의 가죽 바지를 입었다고 한다.

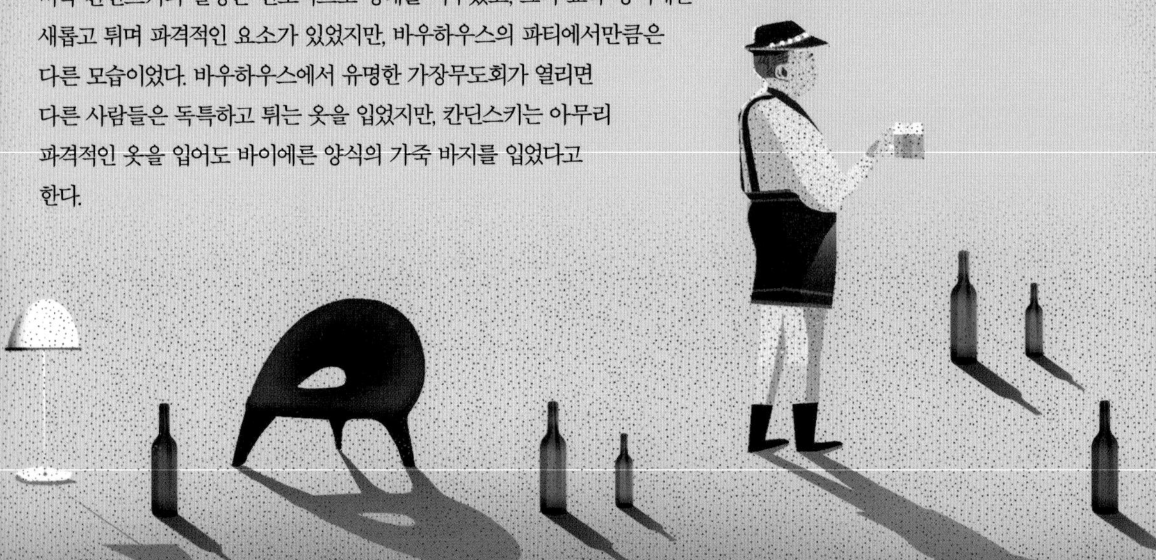

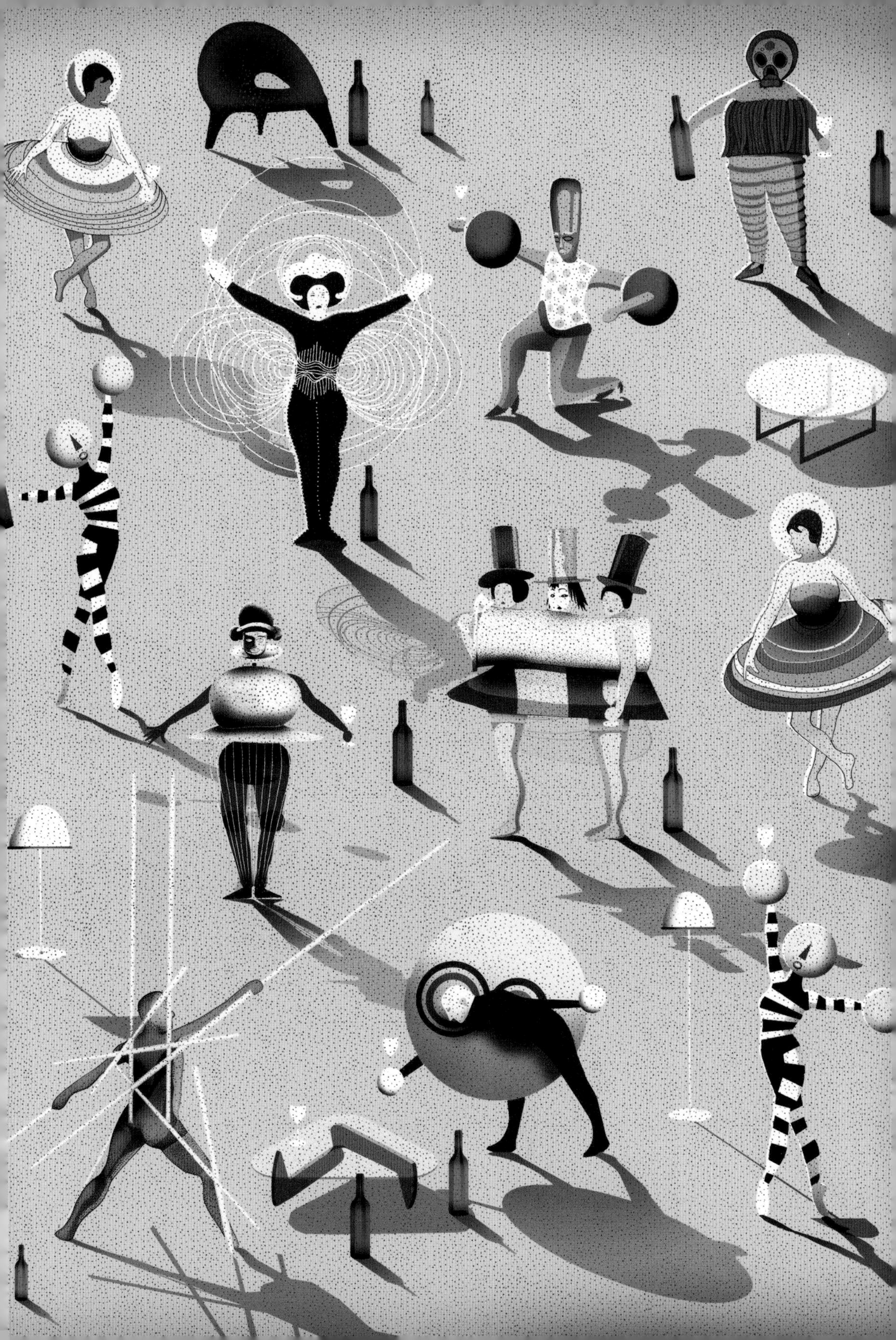

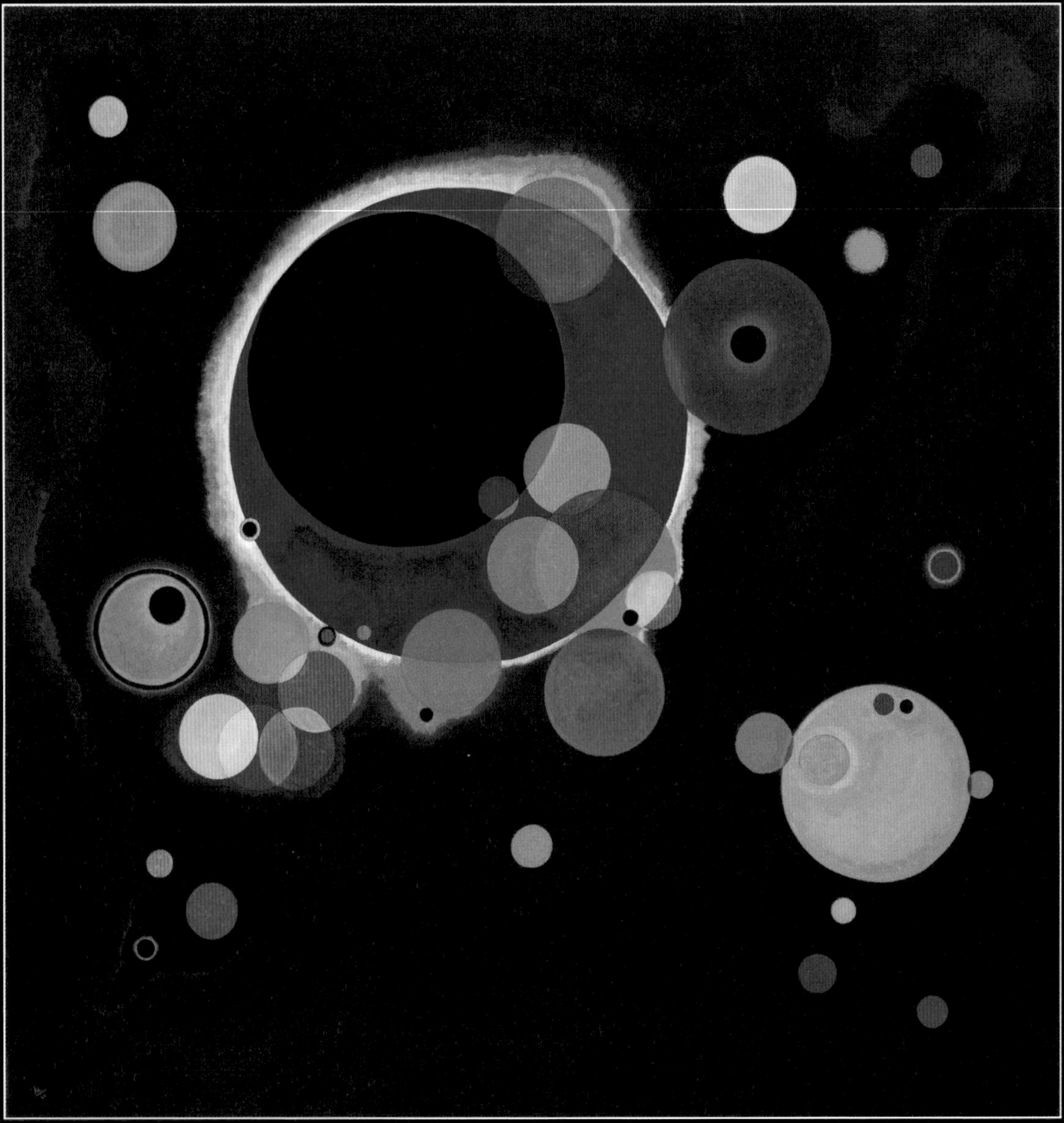

여러 개의 원

Secret Circles

바실리 칸딘스키, 1926

캔버스에 유화

140 × 140 cm(55 × 55 in)

솔로몬 R. 구겐하임 미술관, 뉴욕

이성과 마술—바우하우스의 작품

> 이성과 마술은 양립할 수 있다. 우리가 지혜와 신성화라고 부르는 것 안에서 하나가 될 수 있다. 만일 우리가 별을 의지하고 숫자의 마법을 믿는다면 말이다.
>
> —토마스 만Thomas Mann의 〈파우스트 박사Dr Faustus〉 중

토마스 만은 아르놀트 쇤베르크의 글에 답을 하고자 위의 글을 썼다. 아르놀트 쇤베르크는 여러 가지 면에서 칸딘스키의 지식적인 거울이었다. 토마스 만, 아르놀트 쇤베르크, 그리고 칸딘스키는 동시대에 존재했던 규칙과 제한의 힘을 발견했다. 또한 그래서인지 칸딘스키가 바우하우스에서 그린 그림들은 '차갑다'는 이유로 비판을 받기도 했다. 그의 초기 추상화 작품에서 찾아볼 수 있었던 낭만과 즉흥이 사라졌다는 이유로 비평가들은 슬퍼했다. 그리고 이에 칸딘스키는 그가 낭만주의Romanticism를 저버린 것이 아니라고 답했다. 그 대신 초기에 갖고 있었던 열정을 억제함으로써 새로운 낭만주의의 언어를 창조하는 것이라고 표현했다. 그는 이것을 활활 타오르는 불을 얼음장처럼 차가운 껍데기에 붓는 과정에 빗대어 말하기도 했다.

원 모양을 가지고 칸딘스키는 곧 새로운 발상을 창조하게 된다. '내가 말을 좋아했던 것만큼이나 원 모양을 좋아하게 되었어' 라고 칸딘스키는 말했다. 다음의 사례를 보면 알 수 있다. 바우하우스를 데사우로 옮기고 나서 예전 학생 하나가 칸딘스키의 응접실에 있는 유명한 의자 세트를 제작했다. 이 사람이 바로 마르셀 브로이어Marcel Breuer다. 너무 네모 모양이라는 이유로 칸딘스키는 의자들을 받기를 거절했고, 그에 따라 마르셀 브로이어는 원 모양의 새로운 의자를 만들었다고 전해진다.

칸딘스키는 그가 원 모양을 좋아하는 것을 숨기지 않았다. 그는 원이 절제와 활기를 동시에 허락하는 모양이라고 주장했다. 칸딘스키는 이것이 '가장 위대한 모순을 만들어내는 것'이라고 표현하기도 했다. 그에게 있어서 원 모양은 고요함을 내포하고 있었고, 그는 이에 대해서 '가끔은 침묵이 소음보다 더 큰 메시지를 전달하기도 한다'고 말했다.

당시 칸딘스키의 작품은 멀게 느껴지면서 수정같이 맑은 아름다움을 가지고 있었다. 그는 그의 작품에 등장하는 강렬하고 낭만적인 요소와 자기 자신 사이에 거리를 두기 시작했다. 칸딘스키의 작품들은 그의 성격처럼 '대단한 침착'을 보여준다. 칸딘스키는 이 '대단한 침착'이 그가 러시아에서 살았던 시절부터 이어져 왔다고 주장했다.

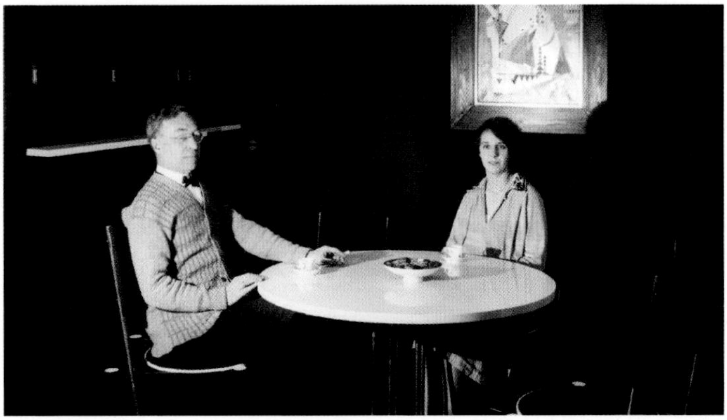

바실리 칸딘스키와 니나 칸딘스키가 바우하우스의 아파트 응접실에 앉아 있는 모습

루시아 모홀리, 1927

실버 젤라틴 프린트 기법
바우하우스 아카이브, 베를린

바우하우스의 삶에서 반항과 말썽은 중요한 요소였다. 파울 클레의 50세 생일을 맞았을 때, 한 무리의 학생들은 근방의 공장에서 비행기를 한 대 빌렸다. 그들은 천사의 모양으로 만들어진 선물 포장을 파울 클레와 칸딘스키의 집 정원에 배달시킬 작정이었다. 그러나 그들은 목표 지점에 제대로 도달하지 못하고, 낙하산이 불량이 되는 바람에 천사 모양의 선물 포장이 집의 지붕을 뚫고 떨어진다. 그 결과로 마리안느Marianne Brandt와 마르셀Marcel Breuer이 만든 디자인이 집 안을 부수고 낙하해 버렸다.

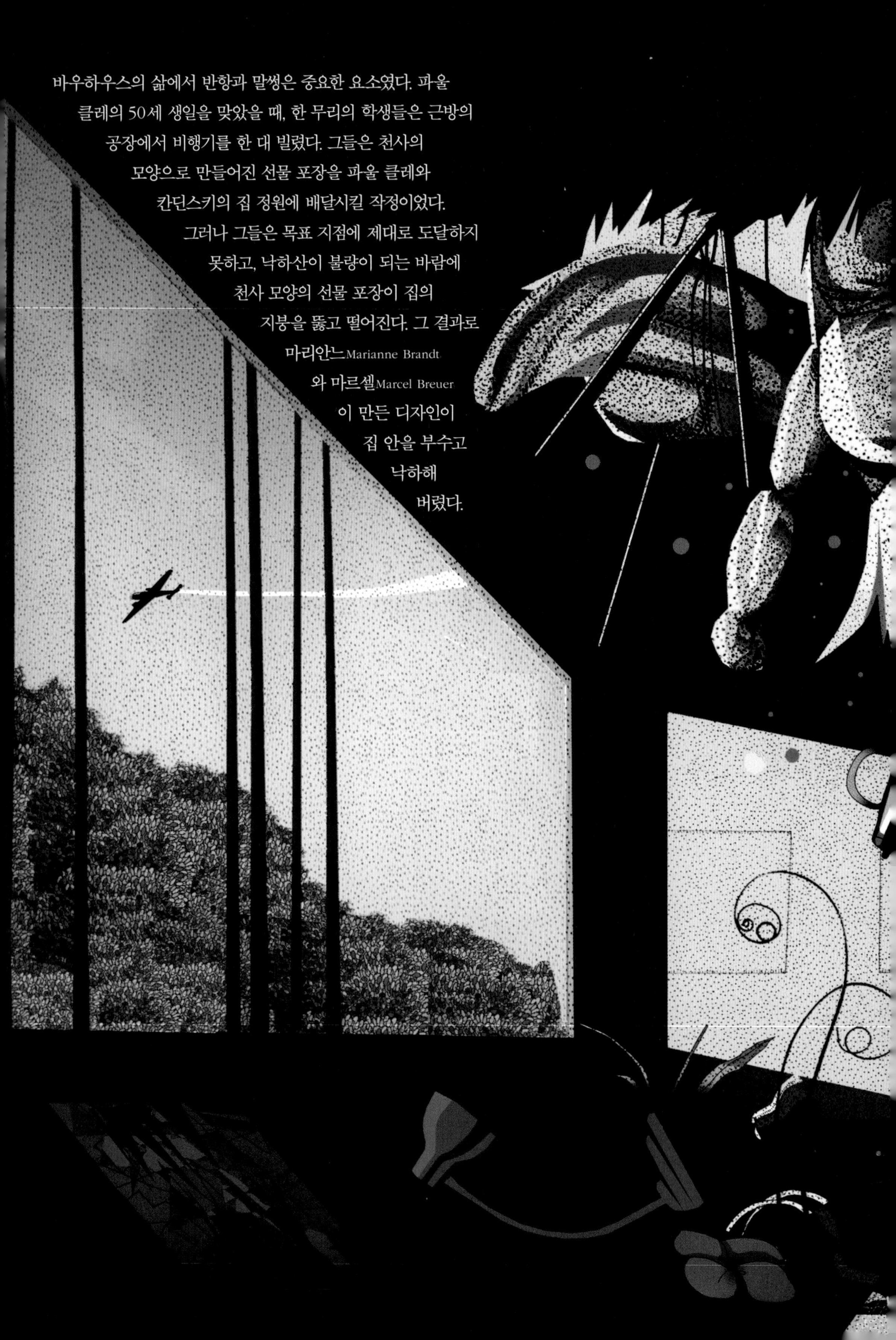

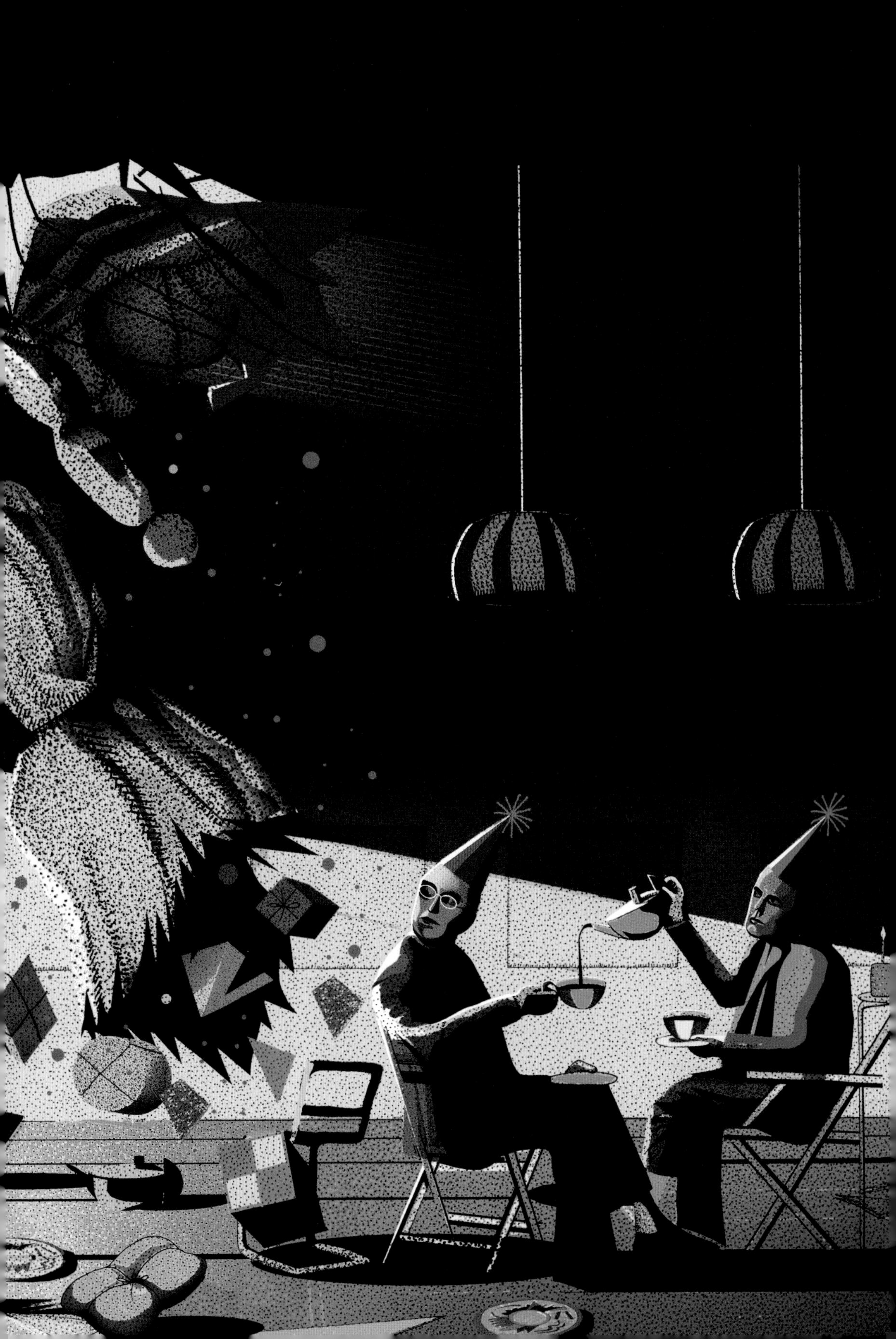

완전한 미술 작품

칸딘스키는 단 한 번도 볼로그다에 위치한 집에서 처음으로 영감을 받은 예술에 대한 몰입을 잊은 적이 없다. 그는 바그너가 '완전한 미술 작품Gesamtkunstwerk'이라고 부른 발상에 큰 영감을 받았는데, 실제로 직접 완성할 수는 없었다. 바우하우스에 있던 시절 칸딘스키는 이 목적을 달성하기 위해서 애를 썼다. 그는 새로운 작품 형식을 시도하고, 직물 디자인을 해 보기도 했으며, 가구에 색을 입히거나 그가 '무대 장치 구성'이라고 칭했던 추상주의 연극을 쓰기도 했다. 그중 가장 유명해진 것이 바로 〈황색 소리Der Gelbe Klang〉이다. 이 연극에는 외부 형식에 대한 서술이나 설명이 전혀 없다. 놀라울 것도 없이, 그의 생에 공연된 적은 없다.

바우하우스에 있을 당시, 칸딘스키는 1928년에 모데스트 무소르그스키Modest Mussorgsky의 〈전람회의 그림Pictures at an Exhibition〉을 축소해서 초현실적인 형태로 제작했다. 또한 1931년에 그는 세라믹 타일로 지어진 음악을 감상하는 공간을 지었는데, 독일 건축 전시Deutsche Bauausstellung를 위해 지은 것으로 아주 훌륭한 작품이었다.
하지만 칸딘스키의 가장 중요한 작품들은 현재 남아 있지 않다. 소위 '벽화murals'라고 불리는 작품들인데, 1922년 주리프레Juryfreie Show에서 전시되었다고 한다(반대 페이지의 복원 작품을 참조). 칸딘스키는 그가 가르치는 벽화 전공 학생들의 도움을 받아 그 작품들을 제작했다. 이는 예술을 재창조한 것이었으며 또한 공간을 재창조한 것이었다. 칸딘스키는 공간의 경계를 벽에 걸어 둔 캔버스 안에 녹여낸 것이다. 또한 그의 작품은 바우하우스에서 주장하는 기능주의와는 반대되는 것이었다. 이것은 칸딘스키가 처음으로 생각해 낸 것인데, 후에는 설치 미술이 인기를 얻으면서 실현된다.

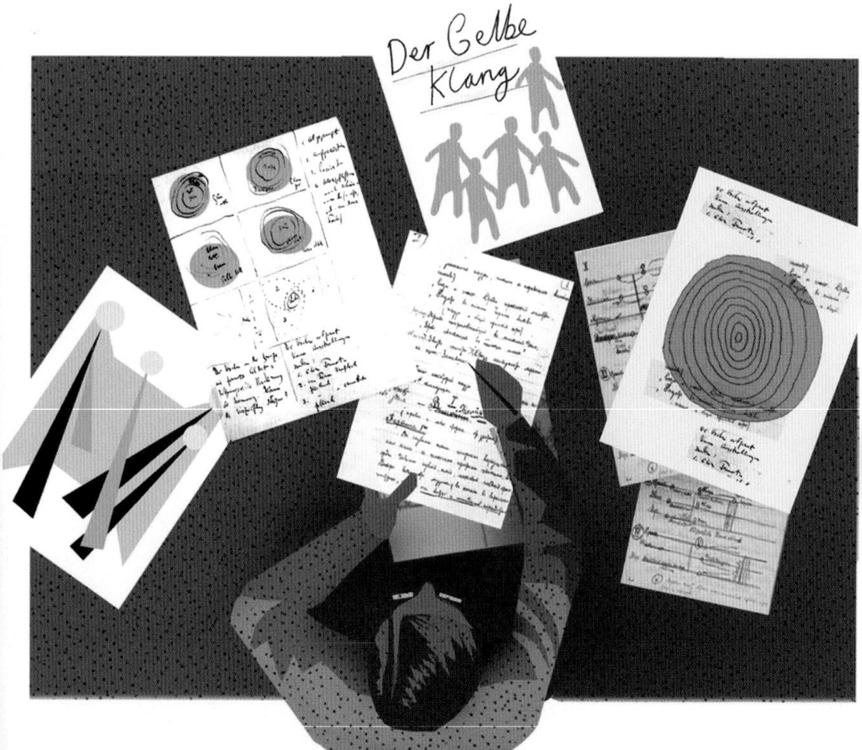

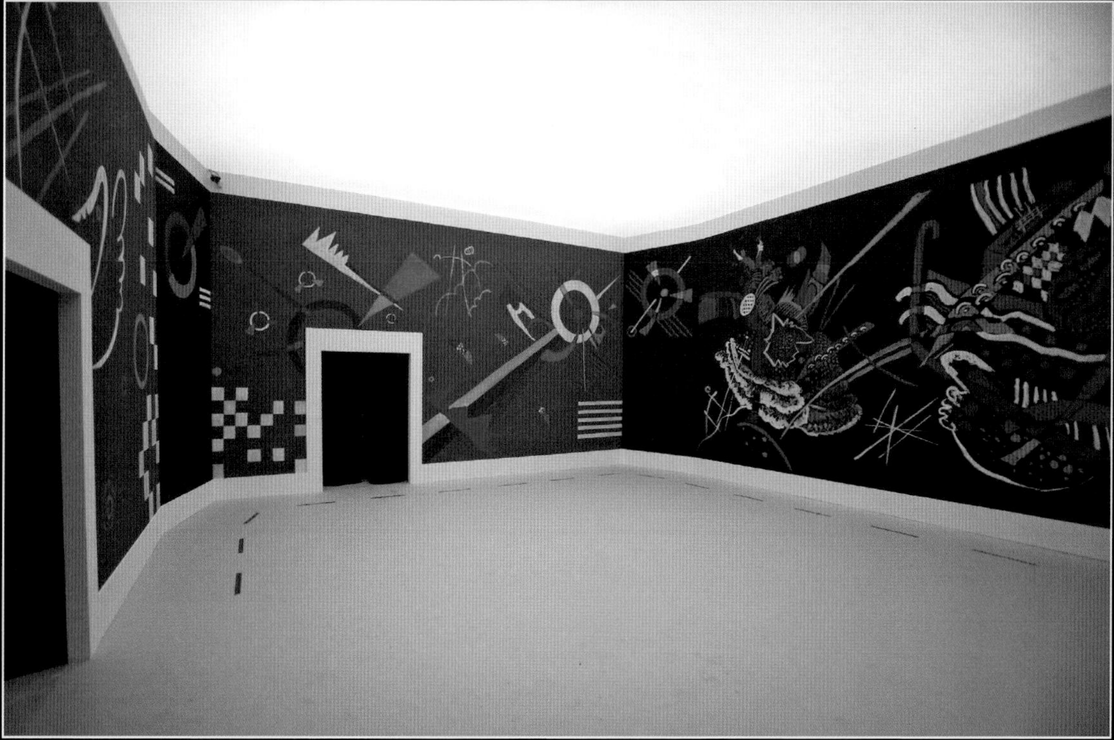

'살롱 주리프레'의 전경

Salon Juryfreie

1922년 칸딘스키가 제작한 구아슈 기법의 작품 5점을
장 비달이 복원한 것으로,
2013년 12월 13일 밀라노의 궁궐에서 열린 전시회에서의 모습이다.

성공

데사우에 삼 년 동안 머무를 당시, 칸딘스키는 성공의 가도를 달렸다. 그는 자연에 더 가까이 있을 기회를 누렸고, 새롭고 영향력 있는 작품을 만들며 이론을 가르치기 시작했다. 아홉 명의 독일인 수집가들은 1925년에 칸딘스키회Kandinsky Society를 창립했다. 이들의 목적은 칸딘스키에게 금전적인 도움을 주고자 그의 작품을 사기 위해서였다. 1926년 5월, 칸딘스키의 60세 생일을 기념하기 위해서 큰 회고전이 브라운슈바이크 성Braunschweig Castle에서 열렸다. 칸딘스키는 뒤셀도르프에서 열린 위대한 작품 전시회Great Art Exhibition, 베를린에서 열린 국제 작품 전시회International Art Exhibition, 베를린 작품 전시회Great Berlin Art Exhibition에 그의 그림들을 출품했다. 또한 그는 드레스덴에서도 작품 전시를 한 바 있다. 이 중 가장 중요한 것은 바로 칸딘스키가 1929년 1월에 생애 최초로 파리의 갤러리 자크Galerie Zak에서 전시를 한 것이었다. 이 전시회로 그는 열정과 에너지가 넘치게 되었다.

1925년에 바이마르에서 학교를 이전하기 바로 전, 몇 사람들이 칸딘스키를 찾아왔다. 그중 하나가 바로 샤이어 Galka Scheyer라는 칸딘스키가 뮌헨에서 사귀었던 옛 친구였다. 그리고 파울 클레와 〈청기사〉 전시회와 연계되어 있었던 두 명의 다른 예술가들이 칸딘스키를 찾아왔다. 샤이어는 상업적인 목적을 갖고 온 것이었다. 그녀는 이렇게 모인 그들이 〈4명의 청기사The Blue Four〉라는 이름으로 다시 합치는 것이 어떻겠냐고 제안했다. 샤이어는 같은 해에 뉴욕으로 이주했는데, 그들의 홍보 담당자 및 매니저 일을 맡겠다고 자청했다. 그리고 네 명의 예술가들은 이에 동의했다. 샤이어가 그림 한 점을 팔 때마다 통조림이라도 받을 수 있다는 사실에 칸딘스키는 행복했다. 그 정도로 그는 자금난에 허덕이고 있었던 것이다.

처음에는 그림의 판매가 저조했다. 하지만 시간이 지나면서 샤이어의 홍보와 강의로 인해서 칸딘스키의 인지도가 상승했다. 그에 따라 1930년에는 데사우에 있던 칸딘스키를 마르셀 뒤샹Marcel Duchamp과 저명한 미국인 수집가인 솔로몬 구겐하임Solomon Guggenheim이 방문하러 올 정도였다.

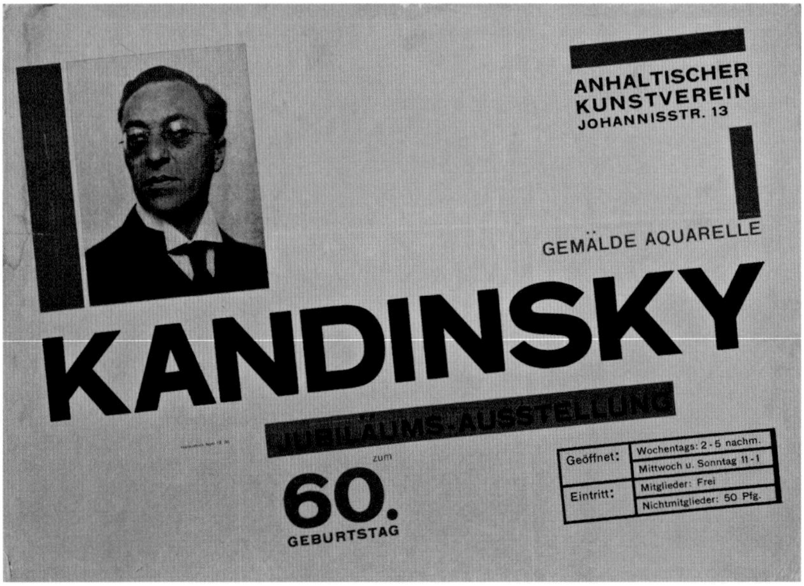

칸딘스키 60세 생일 기념 전시회 포스터

헤르베르트 바이어, 1926

컬러 인쇄된 평판
48.2 × 63.5 cm(19 × 25 in)
뉴욕 근대 미술관, 뉴욕

비극

칸딘스키와 니나는 바우하우스에서 행복하게 지냈지만, 곧 비극이 다시 닥친다. 사실 그들은 비극을 어느 정도 예상하고 있었다. 왜냐하면, 그들의 친구인 아르놀트 쇤베르크와의 언쟁으로 이미 십 년 전부터 일이 틀어졌기 때문이다. 1923년 4월, 칸딘스키는 아르놀트 쇤베르크에게 바우하우스에서 교사직을 맡아 달라고 부탁했다. 하지만 아르놀트 쇤베르크는 신랄한 답변을 보냈다. 그는 바우하우스에서 일을 하는 것은 아무 의미가 없는데, 유대인으로서 최근 몇 달 알게 된 바에 따르면 자신은 '독일인도 아니고, 유럽인도 아니고, 인간이라 부르기도 아까운 존재인 유대인'이기 때문이라고 답장을 보낸 것이다. 게다가 그는 칸딘스키가 유대인 혐오주의자라는 소식을 들었다고 쓰기까지 했다. 이에 아르놀트 쇤베르크에게 칸딘스키가 보낸 답변은 진심이었지만 동시에 굉장히 놀리는 것 같은 어투였다. 그는 자신이 유대인 혐오주의자라는 소문은 거짓이라고 일축한 뒤, 친구를 얼마나 '예술가로서 그리고 인간으로서' 사랑하는지 표현했다. 그리고 이후에 칸딘스키는 이 문제를 그다지 중요시하지 않았다. 그는 '국적은 내게 정말 아무런 의미가 없다'고 표현한 것뿐이었다.

하지만 이는 칸딘스키의 실수였다. 왜냐하면 국적은 1920년대의 유럽에서 큰 의미를 가진 문제였기 때문이다. 그리고 칸딘스키는 그 사실을 곧 배우게 된다. 아르놀트 쇤베르크는 길고 아픈 내용의 편지를 적어서 칸딘스키에게 보낸다. 이는 결코 칸딘스키를 용서하겠다는 내용이 아니었다. 그는 칸딘스키에게 절교를 선언했고, 칸딘스키가 더 이상 그의 친구가 아니라고 썼으며, 게다가 그가 더 이상 자신이 알던 사람이 아니라고까지 표현했다. 칸딘스키는 그 편지를 받고 몹시 낙담했다. 그는 발터 그로피우스에게 그 편지를 보여주는데, 발터 그로피우스는 그 편지를 읽고서는 안색이 창백해져서는 이에 바우하우스의 내부 정세를 탓했다.

이것이 과연 누구의 잘못이었는지, 그리고 무슨 일이 있었던 건지는 알 수 없다. 그런데 칸딘스키는 그 의미를 제대로 주의하지 않았다. 그는 이 사건이 개인적인 일이었다고 여겼고, 그 당시 독일 사회에 만연했던 분위기를 보지 않았다. 하지만 얼마 지나지 않아서 바우하우스에서 그가 누리던 천국과 같은 생활은 막을 내리게 된다. 1928년, 칸딘스키와 니나는 독일 시민권을 취득하고 이를 축하하기 위해서 코스튬 파티를 주최한다. 하지만 1929년이 되자 주식 시장이 폭락했다. 당시 칸딘스키는 뉴욕New York에서 교사직을 추천받지만 거부했다. 그로부터 두 해가 지나고, 나치 세력the Nazis이 등장해서 데사우의 바우하우스를 문 닫게 만들었다. 비록 미스 반 데어 로에Mies van der Rohe가 다시 바우하우스를 1932년 말기에 베를린의 버려진 공장에 열었지만, 게슈타포the Gestapo는 이를 그 이듬해 4월에 다시 닫아 버린다. 그것이 바우하우스의 마지막이었다. 점점 더 정치적 압력이 거세지고, 극단주의와 폭력의 온상이 확대되면서 칸딘스키는 새로운 권력의 희생양이 되었다. 왜냐하면 그는 러시아 출신이었고, 바우하우스와 연계된 사람이었기 때문이다. 그 당시 바우하우스는 '공산주의 위협'이라고 여겨졌다. 1933년, 칸딘스키는 베를린의 학교를 가려고 했는데, 결국 다시 한 번 피할 수 없는 비극을 마주치고 도망쳤다. 이번에 그는 파리행을 택했는데, 1934년 1월에 파리에 도착한다. 그 당시 칸딘스키의 나이는 이미 70세였다.

다시 접하게 된 과학

1930년대의 파리는 칸딘스키가 기억하는 세계 1차 대전 이전의 근대 도시를 근소하게 닮은 곳이었을 것이다. 건물들은 제대로 관리가 되지 않았고, 도로는 지저분했으며 방치되어 있었고, 박물관은 텅 비어 있었다. 그렇지만 칸딘스키는 폐허가 된 중심지에서 멀리 떨어진 아파트를 한 채 발견했다. 그 아파트는 뇌이쉬르센Neuilly-sur-Seine의 근대적이고 부유한 교외 지역에 새롭게 지어진 건물이었다. 칸딘스키는 센 거리Bolevard de Seine 135번지에 살았는데, 이 거리는 오늘날의 쾨니그 거리Boulevard du Général Koenig에 해당된다. 그는 세 개의 방에서 강의 경치를 즐길 수 있는 편안하고 시원한 아파트에 거주했다.

칸딘스키는 13년 전 러시아에서 구성주의자들을 상대로 싸우며 보낸 지치고 힘든 마지막 나날 동안 놀라울 정도로 동일하게 긍정적인 자세로 그림을 그렸다. 하지만 파리에 살게 된 칸딘스키의 작품에는 유머 대신 침착하고 다소 명상적인 분위기가 드러났다. 그가 1934년 완성한 〈우아한 상승Graceful Ascent〉에서 찾을 수 있는 희망적인 빛은 이 당시 그의 작품에서 미리 볼 수 있었던 것이다.

그가 바우하우스에 재임했던 마지막 나날 동안 칸딘스키는 전기 사전을 찾기 시작했다. 그 후에 파리에 살던 동안에는 과학 논문, 자연사 논문, 그리고 동물학과 발생학 관련 도서를 찾아 이미지들을 수집했다. 칸딘스키는 엄청난 양의 이미지를 찾았는데, 그중 대다수는 아메바, 해양 무척추동물, 유충, 배아, 멸종된 동물이나 외국 동물들의 모습을 담은 것이었다.
칸딘스키가 1936년 즈음 제작한 그림 작품에는 생물 형태와 유사한 모습을 찾을 수 있다. 그 하나의 예가 바로 〈변덕의 형태Capricious Forms〉이다(뒷면 참조). 이 작품에서 칸딘스키는 바우하우스 시절 작품에 즐겨 사용했던 고결한 원과 사각형들을 원시적인 생물 형태와 나란히 배치했다. 그는 초현실적인 세상을 파스텔 톤의 분홍, 초록, 그리고 노란색으로 바탕 위에 창조한 뒤 이런 형상들을 함께 배치한 것이다.

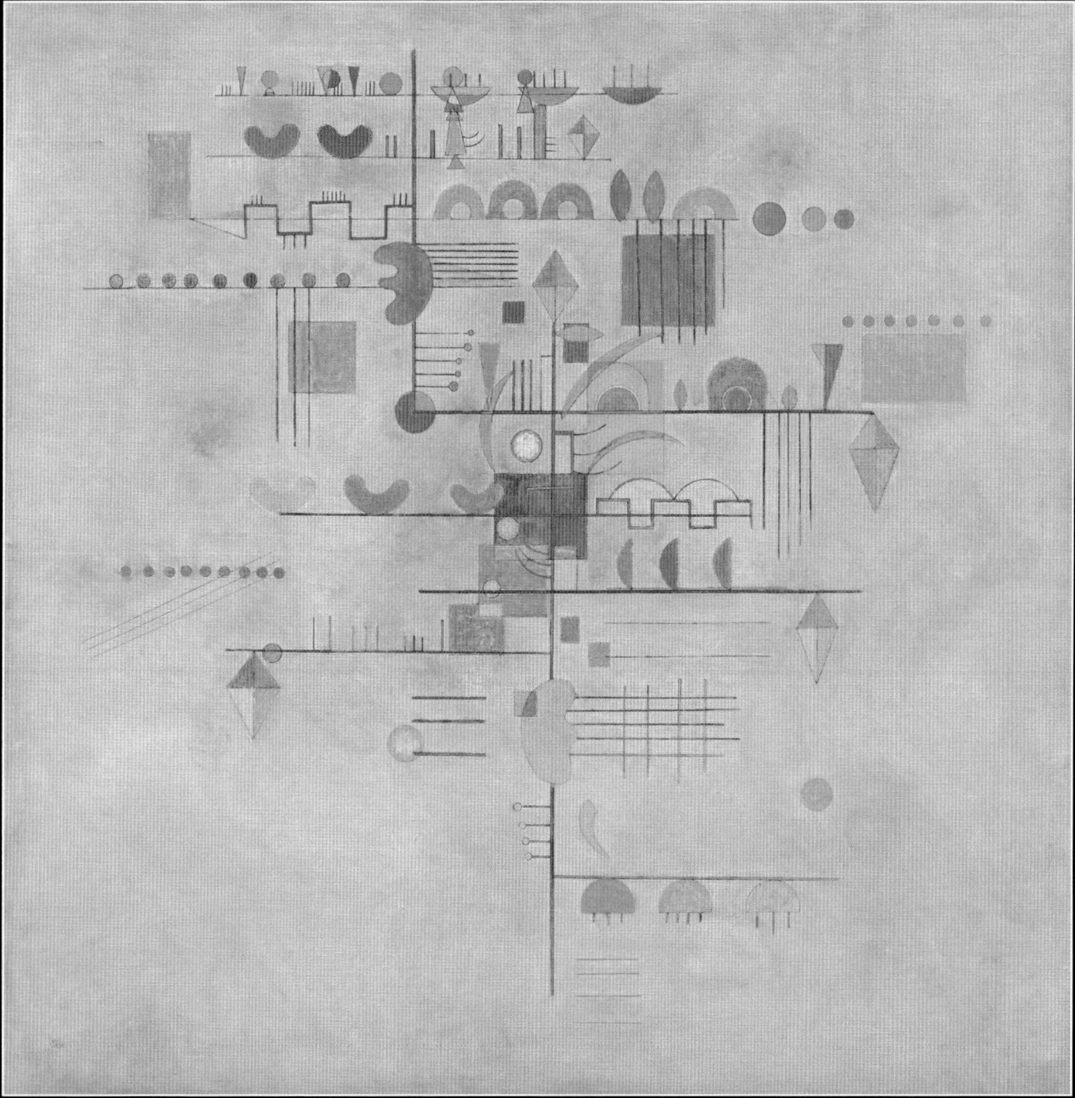

우아한 상승
Graceful Ascent

바실리 칸딘스키, 1934

캔버스에 유화
80.4 × 80.7 cm(31½ × 32 in)
솔로몬 R. 구겐하임 미술관, 뉴욕

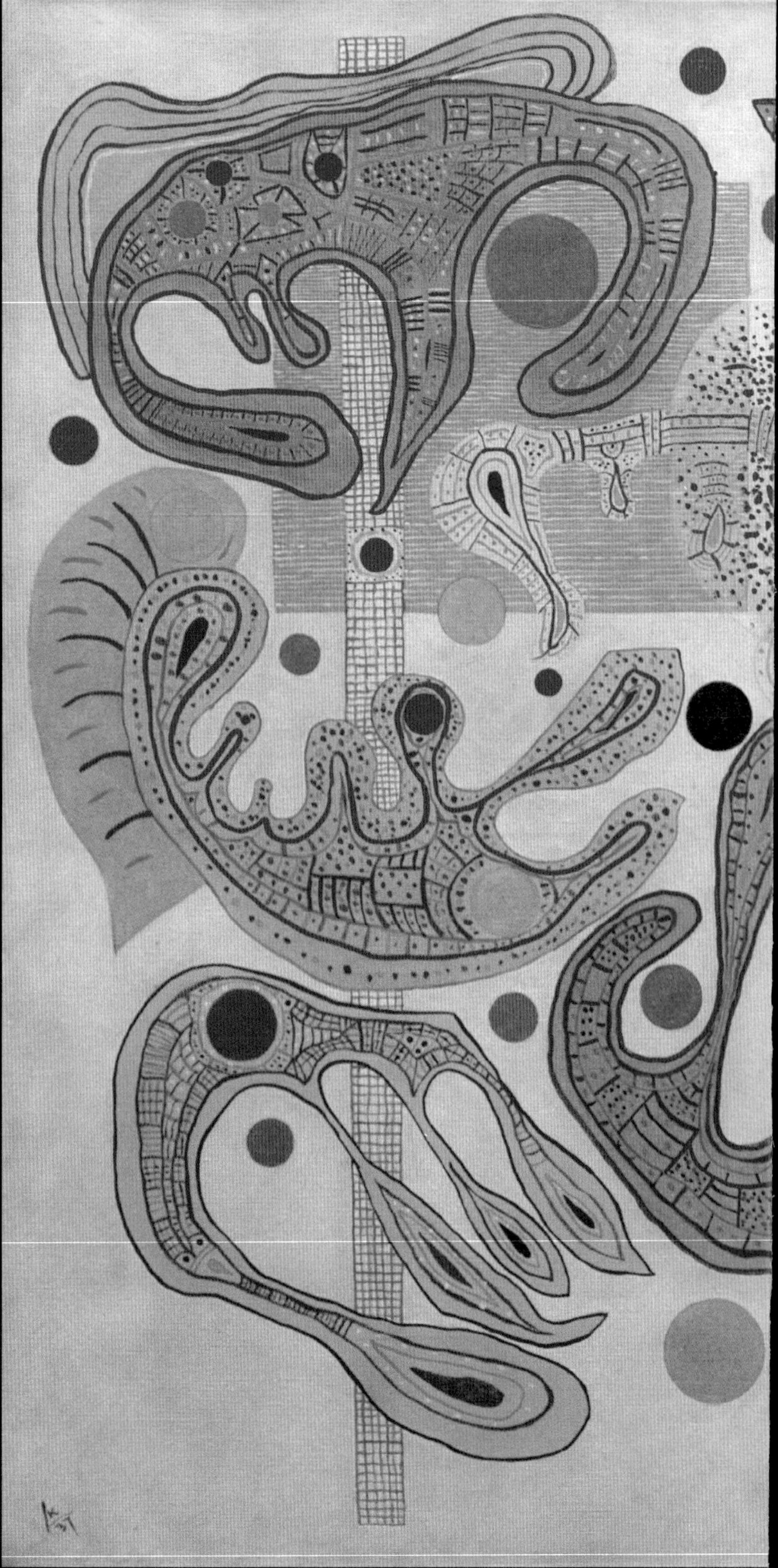

변덕의 형태

Capricious Forms

바실리 칸딘스키, 1937

캔버스에 유화
88.9 × 116.3 cm(35 × 45¾ in)
솔로몬 R. 구겐하임 미술관, 뉴욕

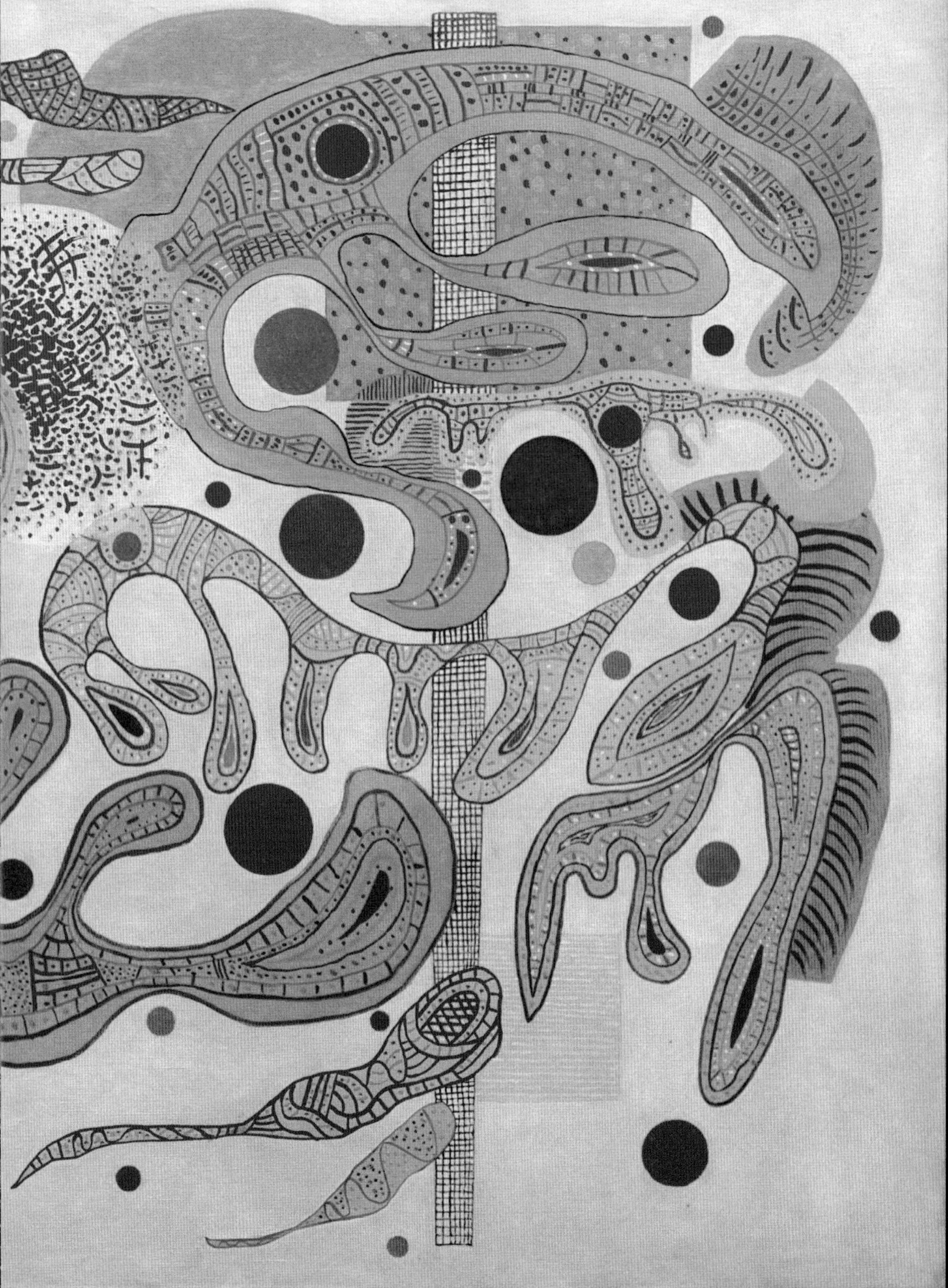

후퇴

외부인의 관점에서 보면, 칸딘스키가 파리에서 산 삶은 단조로워 보일 수 있다. 도착하자마자 그는 파리 예술계를 지도하는 예술가들의 환영을 받았다. 그중 마르셀 뒤샹은 칸딘스키에게 살 집을 구해 준 사람이었다. 또한 칸딘스키와 니나는 얼마 되지 않아서 페르낭 레제, 로베르 들로네, 소냐 들로네, 호안 미로, 만 레이, 그리고 막스 에른스트와 교류하게 되었다. 하지만 시간이 지나면서 칸딘스키는 그 사람들과의 관계를 정리했다. 그가 가깝게 한 사람들은 한스 아르프와 소피 토이베르 아르프Sophie Taeuber-Arp, 알베르토 마넬리Alberto Magnelli, 피에트 몬드리안Piet Mondrian과 앙드레 브르통André Breton이 전부였다.

젊은 예술가들과 언론인들은 칸딘스키의 집을 방문해서 그를 만나려 했다. 하지만 그들은 종종 실망할 수밖에 없었다. 왜냐하면 그들이 발견한 칸딘스키는 혁명가나 예언자가 아닌 호감 가면서도 다소 멀게 느껴지는 인물이었기 때문이다. 칸딘스키가 다른 사람들로부터 점점 멀어지면서 그의 작품은 더 평화로운 분위기를 갖는다. 1914년 이전의 대형 작품처럼 생생한 에너지나 낭만은 없었고, 바우하우스 재임 시절의 정확성이나 절제도 없었다. 그 대신 칸딘스키의 작품에 등장한 것은 생체 표현biomorphism이었다. 하지만 이 작품들은 과학적 지식을 뛰어넘는 것 같이 보였으며, 언어 이외의 공간을 보여주었다. 결국 칸딘스키는 1940년이 되자 절필을 선언했다. 그는 〈변덕의 형태Capricious Forms〉에 등장하는 유기적인 형태의 가벼움을 진정시키고, 이것으로 고요한 시각적 언어를 만들었다. 〈푸른 하늘Sky Blue〉에 등장하는 우주는 경계선을 넘어가지 않는다. 또한 이는 칸딘스키가 흥미를 가졌던 두 가지 주제를 융합한 것이다. 바로 과학과 미지의 세계를 합쳐놓은 작품이다. 칸딘스키는 비로소 원 모양으로 가르침을 얻게 된 셈이다. 그는 과학적 지식을 포용했고, 과학에 대해서 배울 뿐 아니라 감상도 할 수 있다는 사실에 자랑스러워했다.

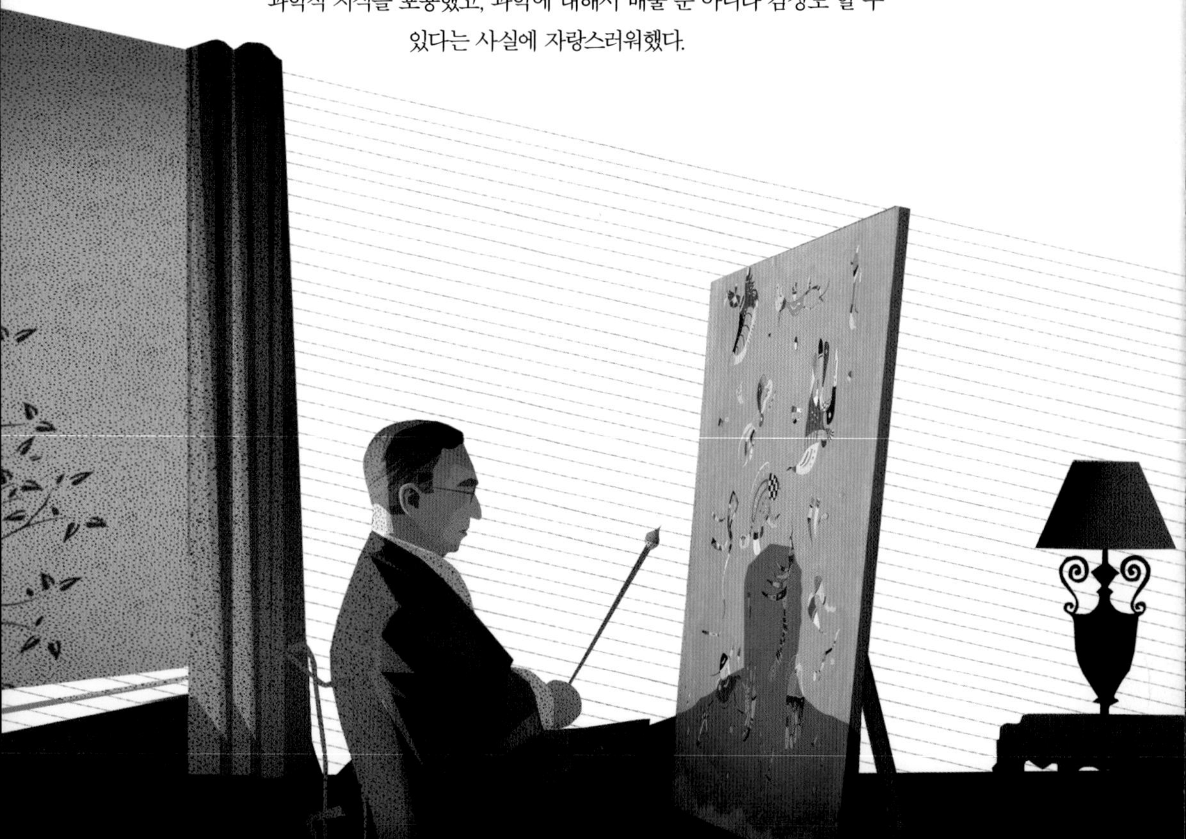

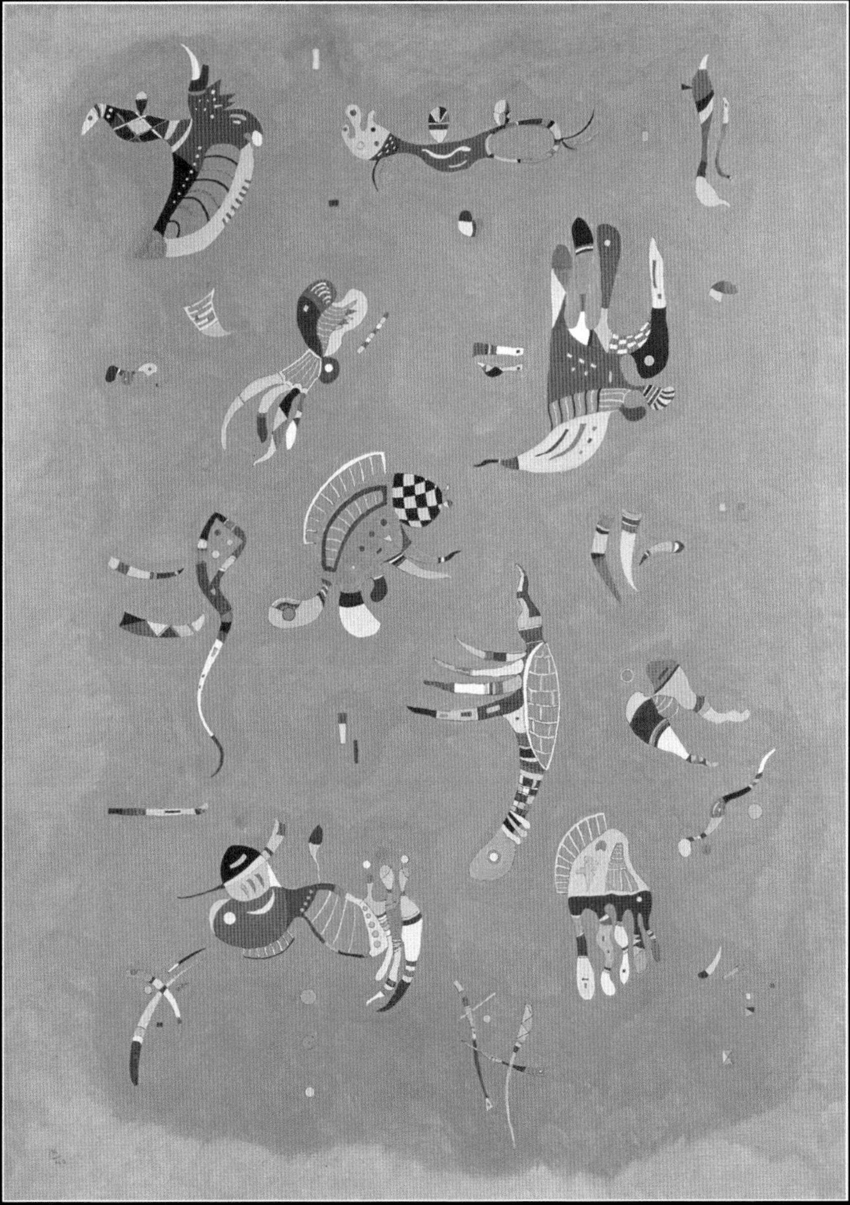

푸른 하늘
Sky Blue

바실리 칸딘스키, 1940

캔버스에 유화
100 × 73 cm(39½ × 28½ in)
조르주 퐁피두센터 국립현대미술관, 파리

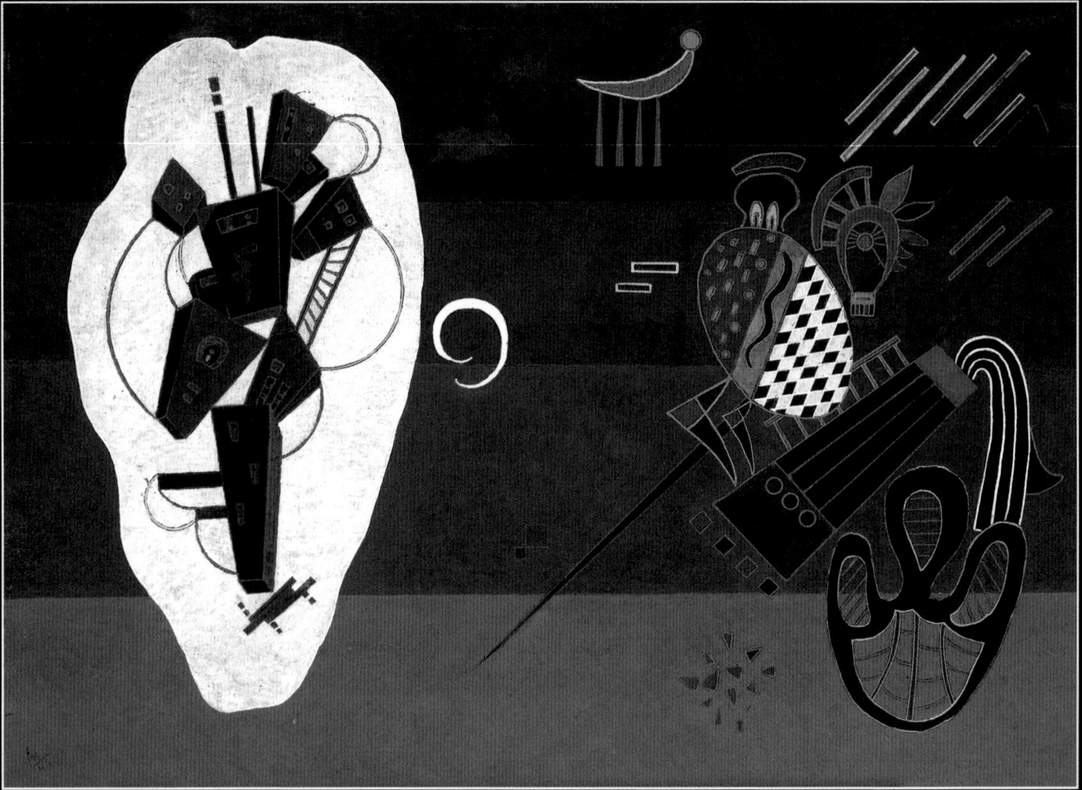

결단

파리에서 칸딘스키는 정신적으로 깨어 있었다. 하지만 그는 더 이상 여행을 하지 않기로 했다. 국제적 동향이 좋지 않은 것도 한 이유였지만, 칸딘스키는 더 이상 여행에 끌리지 않았던 것이다. 그는 마지막으로 1931년에 스위스로 가서 파울 클레를 방문했다. 그 당시 파울 클레는 사경을 헤매고 있었다. 칸딘스키는 파울 클레를 방문하고 뇌이쉬르센에 돌아온 뒤에는 그 장소에서 떠나지 않았다. 그는 친구들에게 세상에서 벌어지는 싸움에 자신은 끼어들지 않을 것이라 호언장담했다. 칸딘스키는 이 주제에 대해서 다음과 같은 말을 남겼다.

거의 대부분의 나라에서 사람들은 국가를 부른다. 하지만 나는 그런 노래를 부르지 않기로 했다… 국가를 부르는 것은 사람을 끌어들이는 미끼다.

1937년, 칸딘스키는 악명이 높은 '나치 퇴폐미술 전시회Nazi Degenerate Art Exhibition'에 다른 예술가들과 함께 눈에 띄는 작품을 내놓았다. 그러던 중, 1938년이 되자 칸딘스키와 니나의 독일 여권이 만료되었고 두 사람은 이를 갱신하지 않기로 선택한다. 1939년에 두 사람은 프랑스 국적을 부여받았다. 그리고 이와 동일한 해에 나치 세력은 4000점에 달하는 예술 작품을 불태운다. 그중에는 칸딘스키의 작품인 〈구성〉 첫 세 점도 포함되어 있었다. 당시 칸딘스키는 큰 위험에 놓여 있었다. 왜냐하면 그는 '사회주의Socialist' 단체라는 혐의를 쓴 바우하우스에 참여했던 데다 1930년대에 도망자 신세가 되었고 '퇴폐미술'에 일조한 자로 알려졌기 때문이었다. 그래서 칸딘스키의 친구들은 그에게 미국으로 망명하라고 재촉했던 것이다. 당시 미국에는 예술가들이 활발하게 활동하고 있었고, 그들의 공동체에서 칸딘스키는 망명 생활을 할 수 있었을 것이다. 하지만 어느새 74세의 나이가 된 칸딘스키는 더 이상 도망치는 삶은 살기 싫다고 느꼈던 모양이다. 그는 남아 있기로 결단했는데, 이는 다소 무모한 것이었다. 하지만 동시에 굉장히 용기 있는 결정이기도 했다.

나치 세력이 파리에 도달한 것은 1940년이었다. 칸딘스키와 니나가 나치 세력에 의해서 피해를 입지 않았던 것은 순전히 운 덕분이었다. 나치가 두 사람을 내버려 두었던 이유는 리스트에 오류가 있었기 때문이었다. 그래서 그들이 '볼셰비키' 소속이었고 '퇴폐미술'에 가담했다는 사실이 드러나지 않았다. 칸딘스키는 평온한 마음으로 집에서만 지냈다. 그는 전쟁의 공포나 과거에 대한 후회를 멀리하고 자신의 그림 작업에만 충실했다. 칸딘스키가 그의 인생의 끝자락에 남긴 작품들을 보면, 화려함이나 표현에 대한 걱정은 사라지고 없다. 그 대신, 인생에 대한 확고한 기쁨이 색상과 형태로 드러나 있다. 〈고립Isolation〉과 같은 그의 마지막 작품들은 그가 남긴 최고의 수작들이라고 할 수 있다.

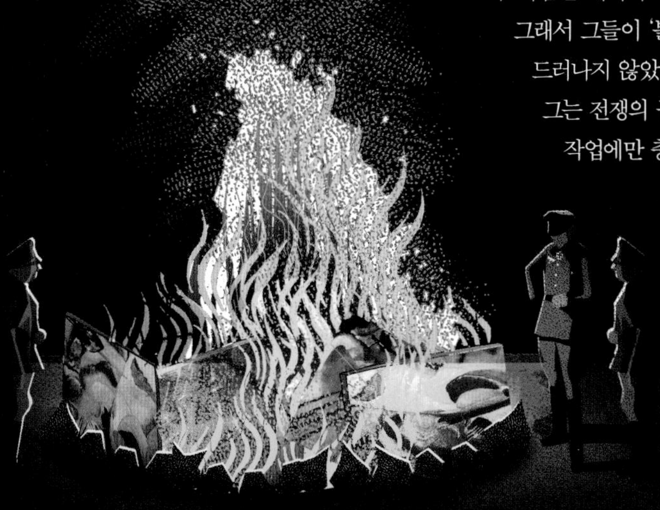

1944년 칸딘스키의 78세 생일에 그는 얼마 남지 않은 친구들과 모였다. 그 당시 파리는 나치의 영향으로 배급이 적었는데, 그들은 겨우 샴페인, 초콜릿, 그리고 시가 담배를 구해서 함께 축하하러 모였다. 그들이 모인 공간에는 희망이 있었다. 모스크바로 혹시 돌아갈 수 있을지도 모른다는 애매한 가능성을 이야기하기도 했다. 니나는 파리에 휴전의 가능성이 있지 않을까 하는 이야기도 했다. 칸딘스키는 기분이 몹시 좋았고 가장 좋아하는 푸시킨의 시를 읊기 시작했다.

그다음 날, 칸딘스키는 피곤함을 느꼈다. 그는 니나에게 침대에서 쉬겠다고 이야기했다. 그는 평생 그래 왔듯이 의사를 부르지 않았다. 그리고 이틀이 지난 후, 칸딘스키는 잠을 자던 중 세상을 떠났다.

칸딘스키는 엄청난 양의 그림 작품, 시, 교육학, 그리고 이론의 유산을 남기고 떠났다. 그리고 무엇보다 칸딘스키는 결국 행복을 얻게 되었다. 그는 진실을 알고자 하는 불가능한 목적을 갖고, 고통을 겪으며 살았지만 말이다. 칸딘스키는 한 가지 질문을 던지는데, 이를 보면 그가 행복을 얻은 것을 알 수 있다.

> 스스로에게 물어보라. 예술 작품으로 인해서 전에 알지 못한 세계를 알게 된 적이 있는가? 그리고 그런 적이 있다면, 그보다 더 원할 것이 있는가?

결국 예술이 그의 단 한 가지 해답이었던 것이다. 성인이 되고 나서 항상 그랬듯이, 예술만이 칸딘스키에게 평화와 행복을 가져다 준 유일한 해답이자 길이었다. 칸딘스키와 마지막 축하 파티를 함께했던 친구 중 하나인 한스 아르프Jean Arp는 그에 대한 글을 썼는데, 칸딘스키가 보았다면 아마 최고의 추모사라고 평했을 것이다.

> 그의 작품은 영적 현실로 가득하다... 사물이 꽃을 피우고, 빛이 나며, 펴지는 모습을 그의 그림과 시에서 찾아볼 수 있다. 칸딘스키의 작품은 과거의 흐름과 새롭게 생겨난 발상을 담고 있다.

자신의 작업실에서 그림을 그리는 칸딘스키, 1936

흑백 사진

개인 소장

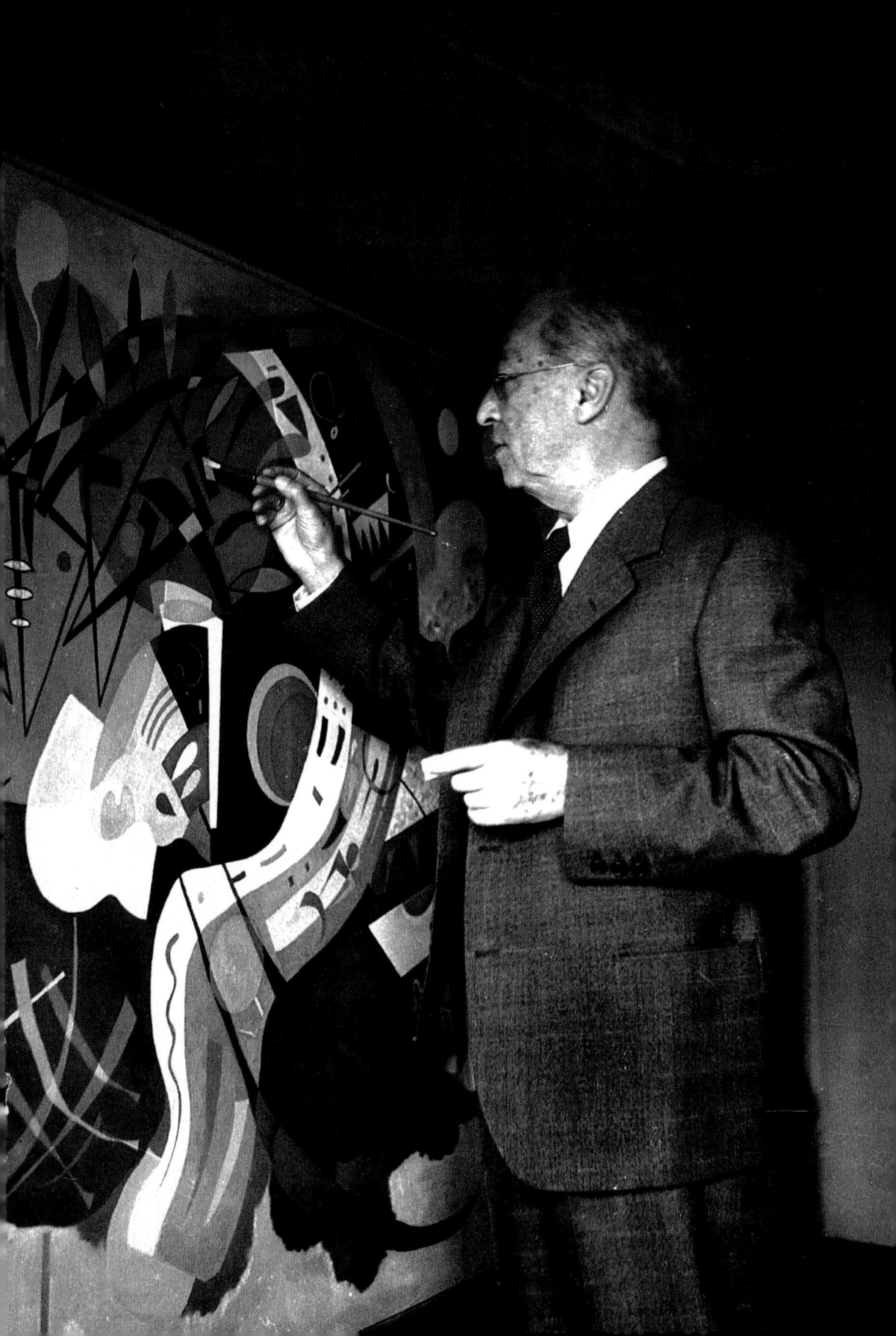

감사의 글

도날드 딘위디 Donald Dinwiddie 씨에게 그의 창의적인 정신과 명확한 시각을 제공해 주신 것에 감사드립니다. 아담 심슨 Adam Simpson 씨에게는 이 책을 저술하는 데 도와주신 것에 감사를 드립니다. 그리고 내 남편인 D.W. 에게는 내가 미처 쓰지 못한 부분을 채워 넣어 준 것에 감사 인사를 하고 싶습니다.

참고 문헌

Boissel, J., and N. Weber, Albers and Kandinsky: Friends in Exile, a Decade of Correspondence, 1929-1940.

Hahl-Koch, Jelena (trans. John C. Crawford), Schönberg, Kandinsky: Letters, Pictures, and Documents, Faber & Faber, 1984.

Hoberg, Annegret, Kandinsky and Münter: Letters and Reminiscences, 1902-1914, Prestel, 2005.

Kandinsky, Wassily, The Blaue Reiter Almanac, Thames & Hudson, 1974.

Kandinsky, Wassily (trans. Michael Sadler), Concerning the Spiritual in Art, Dover, 1977.

Lindsay, Kenneth C. and Peter Vergo, Kandinsky: Complete Writings on Art, Da Capo, 1994.

Weber, Nicholas Fox, The Bauhaus Group: Six Masters of Modernism, Yale University Press, 2011.

Weiss, Peg, Kandinsky in Munich: the Formative Jugendstil Years, Princeton University Press, 1979.

Weiss, Peg, Kandinsky and Old Russia: the Artist as Ethnographer and Shaman, Yale University Press, 1995.

작품 저작권

글

애너벨 하워드 Annabel Howard

애너벨 하워드는 옥스퍼드의 크라이스트 처치Christ Church, Oxford에서 미술사 학위를 받았으며, 후에 이스트앵글리아 대학교University of East Anglia에서 전기문 전공으로 석사학위를 받았다. 그녀는 영국과 이탈리아에 위치한 다수의 박물관들에서 강의를 진행해 왔다. 그리고 그녀는 '글라스Glass', '월드 오브 인테리어World of Interiors', 그리고 '더 화이트 리뷰The White Review'를 포함한 다수의 잡지에 기고한 바 있다.

일러스트레이션

애덤 심슨 Adam Simpson

애덤 심슨은 런던, 뉴욕, 에든버러, 볼로냐, 그리고 일본에서 열린 대형 전시회에서 일했다. 그의 작품은 2009년 엘르 데코레이션 브리티시 디자인 어워즈Elle Decoration British Design Award의 최종 후보에 들었고, 또한 그는 아트 디렉터 클럽 영 건Art Directors Club Young Guns 상을 수여받았다. 최근 그가 임한 프로젝트에는 영국 아카데미 시상식BAFTA에 쓰인 작품, 콘란 Conran, 그리고 런던 올림픽 기념 도장이 있다.

옮긴이

김영주

미국 에모리 대학교에서 미술사를 전공했고 현재 전문번역가로 활동하고 있다. 《디스 이즈 고야》와 다수 작품을 번역했다.